미안하지만
미안해하지
않을래

다시 일을 시작하려는 여성을 위한 안내서

미안하지만 미안해하지 않을래

초판 1쇄 인쇄 2019년 3월 5일
초판 1쇄 발행 2019년 3월 10일

지은이 양지선

발행인 백유미 조영석
발행처 (주)라온아시아
주소 서울특별시 서초구 효령로 34길 4, 프린스효령빌딩 5F

등록 2016년 7월 5일 제 2016-000141호
전화 070-7600-8230 **팩스** 070-4754-2473

값 13,000**원**
ISBN 979-11-89089-68-9 (03320)

※ 라온북은 (주)라온아시아의 퍼스널 브랜드입니다.

※ 잘못된 책은 구입하신 서점에서 바꾸어 드립니다.

라온북은 독자 여러분의 소중한 원고를 기다리고 있습니다. (raonbook@raonasia.co.kr)

다시 일을 시작하려는 여성을 위한 안내서

미안하지만 미안해하지 않을래

양지선 지음

RAON BOOK

프롤로그

워라밸 실현을 위한 첫걸음

모든 직장인 워라밸(Work and Life Balance)을 바라지만 현실적으로 쉽지많은 않다. 특히 일과 가정의 불균형과 자신에게 맞지 않는 업 때문에 힘들어하는 여성들이 많다. 일을 포기하고 가족을 선택한 여성들은 가족을 위해 최선을 다하고 조건 없는 희생을 했는데도 어느 순간 감사와 존경보다 엄마라면 당연히 해야 하는 것으로 치부당하여 허무함과 실망감이 밀려든다.

부모님이 지어주신 당당한 이름 석 자가 있고 나름 사회생활을 멋지게 한 경력이 있기에 보란 듯이 다시 일어서고 싶지만 만만치 않은 현실에 부딪히게 된다.

경력 단절로 인해 신입사원으로 들어갈 수도 없고, 긴 공백 기간으로 감각이 떨어져 경력자로 인정받을 수도 없다. 계속 가정에 매진할까도 싶지만 지난 삶을 돌아보면 아쉬움이 가득하고, 문득문득 '내 이름으로 사는 삶'이 없다는 데에서 오는 외로움을 견디기가 힘들다.

워킹맘도 일과 가정을 균형 있게 유지할 수 있다. 물론 일과 가정의 균형을 맞추기는 쉽지 않다. 어느 한쪽에 집중하면 다른 한쪽은 소홀히 할 수밖에 없기 때문이다. 하지만 가족의 도움을 받는다면 얼마든지 가능하다. 다시 일을 시작하려는 여성들의 이야기를 하나하나 채워나가다 보니 여성뿐 아니라 가족들도 함께 읽고 서로를 이해하는 시간을 가지면 좋겠다는 생각이 들었다. 가족들이 엄마의 상황과 입장을 이해하고 도움을 주어야만 워라밸을 실현할 수 있다.

그동안 강의를 해오면서 나에게 도움을 요청하는 워킹맘들의 한숨 소리가 시간이 지날수록 잦아들기는커녕 점점 더 커져가고 있음을 느꼈다. 시대는 변하는데 그녀들이 처한 환경은 왜 변함이 없는 것일까. 시대가 바뀌었다면 그에 맞는 생각과 행동으로 지금보다 합리적인 환경을 만들어가야 한다.

이 책은 2가지 관점에서 워킹맘에게 워라밸 실현 방법을 제시한다.

첫째는 워킹맘 스스로 가둔 슈퍼우먼 콤플렉스에서 벗어나는 것이다. 엄마이기 때문에 강해야 하고 가족을 위해 희생해야 한다는 생각이 워킹맘 자신뿐만 아니라 가족 모두를 힘들게 할 수 있다. 일과 가정생활에서 모든 일을 완벽하게 해내려는 생각을 버리고 가족과 소통하며 함께 해나가야 한다.

둘째는 내가 행복해야 가족이 행복하다는 것이다. 그 일을 하면서 행복하려면 자신이 하고 있는 일이 단순한 돈벌이 수단이 아닌 자신에게 맞는 일인지 확인할 필요가 있다.

이 2가지를 실현한다면 누구나 자신이 좋아하는 일을 하면서 가정에서도 존재감을 잃지 않고 당당하게 행복을 누릴 수 있을 것이다.

양지선

목차

2

누구나 막연하다 _ 직업을 찾다

3 미안해하지 않아도 괜찮다 _ 당당하게 일하다

CHAPTER 1

두려움을 떨쳐버려라
_ 일터로 향하다

시행착오가 나를 더 단단하게 만든다

변화의 기로에 서다

고향을 떠나 서울로 올라온 순간부터 나는 성공해야 한다는 강박관념에 사로잡혔다. 부모님 곁을 떠나 독립한 이상 실패한 모습으로 돌아가고 싶지 않았기 때문이다. 성공해야겠다고 결심한 만큼 남들보다 더 많은 도전과 노력을 해야 했고, 그 과정에서 더 많은 시행착오를 겪을 수밖에 없었다.

시행착오를 겪지 않고 성공하면 좋겠지만 그런 경우는 거의 없다. "초심자의 시도 횟수보다 대가의 실패 횟수가 더 많다"(지그

지글러)는 말도 있지 않은가. 지금에 이를 수 있었던 것은 비록 어려움이 닥치더라도 포기하지 않고 끝까지 도전했기 때문이다.

포기하지 않는 강인한 정신력은 무엇보다 두 번의 업을 전환하는 데 큰 도움이 되었다. 첫 번째는 방송 진행 일을 하다 홈쇼핑 분야로 전환한 것이었다.

나는 대학을 졸업하고 오랫동안 방송 진행을 했다. 한 분야에서 오랫동안 경력을 쌓다가 완전히 새로운 일로 전환하는 과정이 순조로울 수는 없었다. 더구나 안정적인 직업을 바라며 심하게 반대하는 엄마를 설득해서 시작한 방송 진행 일이었기에 마음의 부담이 컸다. 그래서 그 전보다 더 발전된 모습을 보여주어야 했다.

한창 방송 진행을 하다 20대 후반쯤 되자 나의 직업이 점점 불안해지기 시작했다. 방송은 아무래도 밝고 명랑하게 진행해야 하는데, 30대가 가까워지자 나이에 맞지 않다는 생각이 들었던 것이다. 언제까지나 20대의 발랄한 모습을 유지하기는 힘들었다. 그래서 나이가 들어서도 카메라 앞에 설 수 있는 분야를 찾기 시작했고, 그렇게 해서 선택한 것이 홈쇼핑 쇼호스트였다.

홈쇼핑 관련 분야에서 일하는 지인도 없고 정확한 정보도 없었다. 전혀 모르는 분야였기에 선뜻 결정하기는 어려웠지만 나이가 들수록 계속 불안한 마음으로 방송 진행 일을 하기보다 일단 홈쇼핑 쇼호스트에 도전해 보는 것이 낫다는 생각을 했다. 그리고 다년간 쌓아온 방송 경력이 있었기에 성공할 가능성도 높다고 판단했다.

하지만 이런 나의 생각은 착각이었다. 예상과 달리 도전하는 오디션마다 계속 탈락했던 것이다. 이유는 간단하고 명확했다. 리포터 특유의 말투와 억양이 상품을 소개하는 쇼호스트에게는 적합하지 않다는 것이었다. 자신 있게 도전했던 나는 결과에 조금 당황스러웠다. 하지만 나는 결과를 겸허하게 받아들이고, 단점을 빠르게 수정해서 다시 한 번 도전하기로 했다. 포기하는 것이 아니라 보란 듯이 성공하고 싶었던 것이다. 리포터의 습관을 버리고 기초부터 다시 시작하기 위해 곧바로 쇼호스트 양성기관을 찾아갔다.

오랫동안 몸에 밴 말투와 억양은 쉽게 고쳐지지 않았다. 천천히 말하면 드러나지 않는데, 빠르게 말하다 보면 나도 모르게 리포터의 말투와 억양이 그대로 나왔다. 계속 똑같은 지적을 받았고, 그럴수록 자신감이 점점 떨어져갔다.

처음에는 대체 어디서부터 잘못된 것일까 하는 생각이 들었다. 쇼호스트로서 재능이 없다면 잘못 선택한 것이 아닐까 하는 자괴감도 생겼다. 이제는 근본적으로 나의 판단조차 흔들리기 시작했던 것이다. 문제점을 극복해야겠다는 생각보다 이런저런 걱정이 꼬리를 물면서 머릿속이 더욱 복잡해졌다.

새롭게 선택한 길을 계속 가야 할지 아니면 포기하고 이전의 익숙한 일을 계속하는 것이 나을지 판단할 수가 없었다. 또다시 선택의 기로에 서서 그저 혼란스럽기만 했다. 그동안 계속 해오던 방송 일도 제대로 할 수가 없었고 수입도 점점 줄어들면서 결국 금전적인 어려움까지 겪게 되었다.

더 이상 상황이 나빠지지 않기 위해서는 어느 쪽이든 빨리 선택해야 했다. 나는 이런저런 걱정을 멈추고 단순하게 생각하기로 마음먹었다. 일단 새롭게 선택한 홈쇼핑 분야에 계속 도전하기로 결정한 것이다. 비록 실패한다 해도 본격적으로 시작하기도 전에 멈출 수는 없었다.

시련을 도전하라는 의미로 해석하라

본래 긍정적인 성격인 나는 걱정스럽고 혼란스러운 상황을 '계속 도전해야 한다'는 의미로 해석했다. 내가 처한 상황은 좋지 않았지만 일은 재미있었기 때문이다. 단점이 잘 고쳐지지 않고 아직은 실력이 부족하다 보니 주위 사람들에게 일이 재미있다고 말할 수는 없었다. 재미있다면서 왜 못하냐 하는 비웃음을 살 수도 있을 것 같아서였다.

우선 자신감이 생겨야 실력이 붙을 텐데 자신감이 줄어드니 모든 것이 어렵게 느껴지기 시작했다. 하지만 불필요한 생각과 걱정은 쇼호스트가 되기 위한 도전에 방해가 될 뿐이었다. 이런 생각이 자신감을 더욱 떨어뜨렸던 것이다. 나는 쓸데없는 걱정을 버리는 것이 무엇보다 중요하다고 생각했다.

하지만 아무리 강하게 마음을 먹었다 해도 갑자기 닥치는 시련은 어쩔 수 없었다. 한번은 이미용 상품 게스트를 뽑기 위한 오디션 공지가 떴다. 유명한 화장품 회사의 상품이었기에 합격만 한다면 꾸준한 활동이 보장되었다. 조건이 좋다 보니 굉장히 많은 사람들이 오디션에 몰려들었다. 오디션은 1차와 2차로 나누어 진행되었고, 1차 공개 오디션을 통과한 사람에 한해 2차 최종 오디션을 볼 수 있었다.

연이은 오디션 탈락으로 인해 자신감은 조금 잃었지만 홈쇼핑 분야에서 정착하고 싶은 간절한 마음에 망설임 없이 화장품 홈쇼핑 오디션에 도전하기로 마음먹었다.

나는 곧바로 오디션 준비에 돌입했다. 지난 방송을 보면서 모니터링도 하고 무료 개방된 스튜디오에서 실전 연습도 했다. 그리고 오프라인 매장에 가서 직원에게 직접 상품 설명도 듣고 실제로 구매해서 사용해 보기도 했다.

열심히 준비하는 과정에서 재미를 느끼게 되자 갑자기 희망이 샘솟기 시작했다. 그런데 이런 기쁨도 잠시, 오디션 관계자에게 전화가 왔다.

"잠깐 통화할 수 있을까요? 안타깝게도 이번 오디션에 참가할 인원에서 제외됐어요. 준비 많이 하는 것 같던데 미안하게 되었네요."

나는 순간 멍하니 말문이 막혔다.

"이미용 상품에 적합한 외모가 아니기도 하고, 아직은 말투나 억양이 잘 고쳐지지 않아서 좀 더 연습하고 실력이 쌓이면 그때 오디션을 보는 게 좋을 것 같네요."

화장품 홈쇼핑에 적합한 외모가 아니라는 말은 반박하기 어려웠다. 예쁜 외모가 아니기 때문이다. 하지만 말투나 억양은 아직 확인해 보지도 않고 기회조차 주지 않는 것은 불공평하다는 생각이 들었다.

"무슨 말인지 알겠죠? 다음에 더 좋은 기회가 있을 거예요."

어떤 말이라도 해야겠는데 선뜻 입 밖으로 나오지 않았다. 머릿속이 멍해지면서 많은 생각들이 한꺼번에 스쳐 정리가 되지 않았던 것이다. 이대로 전화를 끊으면 지금까지 준비한 것이 모두 수포로 돌아갈 상황이었다. 이대로 기회를 놓칠 수는 없었다. 또다시 실패할 수는 없었다. 나는 용기를 내서 말했다.

"기회를 주세요. 말씀하신 단점은 무조건 고쳐서 오디션을 볼게요. 이번 오디션에서도 실력이 없다고 판단되면 앞으로 어떤 오디션에도 참가하지 않겠습니다. 마지막으로 한 번만 기회를 주세요."

간절한 마음이 컸던 만큼 말투도 강하게 바뀌었다. 너무 강하게 표현했나 하는 걱정도 조금 들었지만, 의지를 보여주고 나 스스로 자신감을 다지기 위해서는 어쩔 수 없었다. 어떻게 해서든 기회를 잡고 싶었다.

"그렇게 의지가 확고하다면 다시 의논해 보고 연락할게요."

"네, 감사합니다."

전화를 끊고 나니 마음이 더욱 혼란스러웠다. 한편으로는 후회되기도 했고, 한편으로는 자신 있게 말한 나 자신이 대견스럽기도 했다.

기회가 주어지지 않더라도 일단은 나 자신이 멋지게 용기를 냈다는 생각에 흡족했다. 어떤 일이든 내가 결정하고 내가 실행하고 내가 책임지면 된다.

스스로의 행동과 결정에 만족하자 마음이 가벼워졌다. 다시 전화가 와서 부정적인 소식을 듣는다 해도 더 이상 상처받지 않을 것 같았다. 다른 오디션에 도전하면 되기 때문이다. 복잡하게 생각할 것이 전혀 없었다. 그리고 5시간쯤 뒤에 전화가 왔다.

"다시 의논해 봤는데 다들 기회를 주자는 의견이네요. 나는 아니라고 말했지만. 아무튼 오디션 준비 잘하고 모레 봅시다."

"네, 감사합니다. 오디션 때 뵐게요."

나의 기쁨은 이루 말할 수 없었다. 잃을 뻔했던 오디션 기회를 다시 얻은 것도 기뻤지만 자신 있게 말해서 스스로 기회를 잡은 것이 더욱 기뻤다.

원래 나는 도전을 두려워하거나 실패했다고 해서 낙담하지 않는 성격이었다. 그런데 홈쇼핑에 도전하면서 연이은 실패로 자신감을 잃게 되었다. 그 이후 나는 도전을 망설이게 되었고 실패하지 않을 일만 골라서 하는 소극적인 성격으로 바뀌었다.

그런데 이번 일을 계기로 자신감이 어느 정도 회복되어 새로운 도전을 두려워하지 않게 되었다. 나 자신이 변화된 것을 느끼자 오디션이 걱정되기보다는 기대감이 더 커졌다.

드디어 기다리던 1차 공개 오디션을 보는 날이었다.

공개 오디션이다 보니 많은 사람들 앞에서 나의 장점과 단점이 고스란히 드러난다는 생각에 부담스럽기도 했다. 하지만 다르게 생각하면 공평한 심사를 할 수 있다는 장점이 있었다. 참가자들의 롤 플레이를 보다 보니 어느새 내 차례가 되었다.

조금 떨리기는 했지만 자신감은 어느 때보다 강했다. 설령 탈락한다 하더라도 툴툴 털고 다시 도전하면 된다는 생각이 들 정도로 자신감이 최고조에 달했다.

준비한 대로만 하자. 일단 말투와 억양은 신경 쓰지 말자. 최대한 자연스럽게 나를 보여주자. 내 친구, 내 동생, 내 언니한테 이야기하듯이 편안하게 하자. 이렇게 스스로 최면을 걸면서 오디션을 시작했다.

"안녕하세요. 쇼호스트 양지선입니다. 주름 때문에 마음껏 웃지 못하셨나요? 걱정되는 주름 개선에 도움을 줄 ○○○ 상품과 함께하겠습니다……."

첫 멘트가 순조롭게 넘어가자 안도감이 들었다. 그러자 나는 말에 날개가 달린 듯했고, 표정은 살아 움직였다. 오디션을 보고 있는데도 마냥 재미있고 신났다. 결과와 상관없이 지금 이 시간이 즐거웠다. 오디션을 즐기다 보니 앞에서 나를 바라보던 사람들의 표정이 눈에 들어왔다.

아직은 아니라고 했던 한 사람만 빼고 모두 같이 웃어주고 같이 호흡해 주었다. 그 모습을 보면서 기분 좋게 복수했다는 기분마저 들었다. 공개 오디션의 장점이 그대로 나에게 적용되었다. 1차 오디션 합격에 이어 2차 오디션도 드디어 합격했다.

나에게 오디션 기회를 주지 않으려고 했던 관계자의 말을 그대로 받아들이고 포기했다면 나는 분명 합격의 기쁨을 누릴 수 없었을 것이다.

새로운 것에 도전하는 과정에서 시련을 겪지 않는 사람은 없다. 하지만 누군가는 그 시련 앞에서 포기하고 다른 누군가는 시련을 극복하고 또다시 도전한다.

시련은 실패가 아닌 또 다른 도전이다.

포기하지 않고 착실하게 시련을 이겨내는 사람만이 성공과 행복을 누리게 될 것이다.

행동하기로 했다면 긍정적으로 부딪쳐라

쓸데없는 걱정과 생각은 버려라

일단 행동하고자 마음먹었다면 부정적인 생각은 멈춰야 한다. 생각과 걱정이 많은 사람들은 보통 미래를 희망적으로 바라보지 못한다. 희망 없이 무언가에 도전할 자신감이 생길 리 없다.

홈쇼핑 방송에 제법 익숙해지고 이 분야에서 안정된 생활을 할 때쯤 두 번째 터닝 포인트가 찾아왔다. 새로운 상품 분야에 도전하는 것이었다.

보험 상품은 다른 상품에 비해 방송이 꾸준히 잡히는 편이어서 프리랜서 쇼호스트에게는 효자 상품이었다. 나 또한 눈여겨 보았던 것이 보험 상품이었다. 나는 상품 분야를 조금 더 넓히고자 보험 상품 홈쇼핑을 진행할 수 있도록 도와줄 사람이 있는지 알아보았다. 그리고 보험회사 홈페이지에 들어가서 채용 공지가 있는지 찾아보았다. 하지만 기회가 쉽게 오지 않았다.

그러던 어느 날 방송이 끝나고 의상실로 향하는데 학원에서 배우고 있는 예비 쇼호스트들이 방송국 견학을 온 모습을 보게 되었다. 후배들을 보고 있으니 실력을 키우는 데는 눈으로 직접 보고 현장을 경험하는 것이 가장 효과적인 방법이라는 생각이 새삼 들었다.

무언가를 원한다면 가만히 앉아서 기다리는 것이 아니라 직접 찾아가야 한다. 주변에서 찾기보다 그곳에 가서 직접 알아보는 것이다.

나는 서둘러 의상을 갈아입고 노트북을 켰다. 그리고 취업 사이트로 들어가서 홈쇼핑과 관련된 보험회사 구인 광고를 찾아보았다. 구인 광고를 낸 곳은 대부분 본사가 아니라 대행업체였다. 유일하게 본사에서 직접 광고를 낸 업체가 하나 있기에 곧바로 전화를 걸었다.

"안녕하세요. 다름 아니라 광고를 보고 전화드렸는데요. 여쭤

볼 게 있어서요. 혹시 채용하는 업무가 정확하게 어떤 일을 하는 것인지요…….”

나는 전화를 건 목적을 정확하게 설명했다. 그렇게 한참 동안 내 이야기를 듣던 담당자는 직접 만날 것을 요청했고, 다음 날 나는 바로 회사를 찾아갔다.

점심 이후 여유로운 시간대여서인지 갑작스럽게 이루어진 만남에도 대화가 자연스럽게 이어졌다.

“이렇게 직접 전화를 한 사람은 처음이라 어떤 분인지 몹시 궁금했어요. 저희도 사람을 뽑으려고 광고를 냈으니 어떤 분인지 직접 뵙는 게 좋겠다고 생각했고요.”

“이상한 사람이라고 생각하셨을 것 같아요. 그런데 사실 저는 지금 홈쇼핑에서 방송을 하고 있어요. 보험 방송을 해보고 싶어서 알아보다가 구인 광고를 보고 용기 내서 전화해 봤는데 실례가 안 되었는지 모르겠네요.”

“그러시군요. 사실 뵙자고는 했는데 어떤 분인지 아무런 정보가 없으니 걱정은 되더라고요. 그런데 직접 뵈니 괜한 걱정을 한 것 같네요.”

의외로 대화가 순조롭게 이어졌다. 담당자는 나와 대화를 마치고 바로 임원 면접을 하자고 제안했다. 방송과 강의 모두 하고 있는 내가 자신들 회사의 자격 조건에 적합하다고 생각했기 때문이었다. 나는 곧바로 임원 면접을 보았고, 다행히 긍정적인 평가를 받았다. 그렇게 면접을 보고 이틀 후 그 회사는 나에게 홈쇼핑 방송 출연 외에 사내 교육을 전담하는 자리를 제안했다.

프리랜서로 수입이 일정하지 않은 나에게는 안정적인 수입이 보장되면서 방송과 강의 모두 할 수 있었기 때문에 더할 나위 없이 좋은 조건이었다. 하지만 몇 가지 걱정되는 부분이 있어 회사의 제안을 단번에 받아들이지 못했다.

첫 번째는 보험 영업을 해보지 않았는데도 보험을 판매하는 사람들을 교육할 수 있을까 하는 것이었다. 그리고 두 번째는 시간이 자유로운 프리랜서로 일하다 정해진 시간에 움직일 수 있을까 하는 것이었다. 세 번째는 보험회사에 대한 선입견 때문이었다.

그 외에도 이런 저런 우려가 줄어들기는커녕 꼬리를 물고 계속 늘어나자 결정하기가 쉽지 않았다. 신중하게 생각하다 보니 되레 걱정거리만 늘어난 셈이었다.

홈쇼핑을 해보고 싶은 상품이었고, 원하던 안정된 수입을 얻을 수 있는 기회였다. 교육 분야 또한 내가 바라던 일이었다. 내게는 최상의 조건이었는데도 덥석 받아들이기보다는 걱정이 앞섰다. 그래서 결정하기 전에 걱정하는 모든 것들을 하나도 빠짐 없이 적어보았다. 그리고 그 옆에 해결할 수 있는 방법을 적었다. 답을 낼 수 없는 것들이 더 많으면 이번 기회를 포기하기로 했다.

이렇게 하나씩 답을 찾아가다 보니 정말 걱정다운 걱정은 몇

> 1) 보험 영업을 해본 경험이 없는데도 보험을 판매하는 사람들을 교육할 수 있을까?
>
> 답 : 방송 출연과 함께 기간을 정해 놓고 직접 영업을 해보자. 외국에서는 CEO를 뽑을 때 영업 경력이 없으면 인정하지 않는다고 할 만큼 중요하게 여긴다. 영업 경력은 나에게 도움이 될 것이다.
>
> 2) 시간이 자유로운 프리랜서로 일하다 정해진 시간에 움직일 수 있을까?
>
> 답 : 할 수 있다. 쓸데없는 걱정이다.
>
> 3) 보험회사에 대한 선입견을 가지고 있는데 괜찮을까?
>
> 답 : 선입견이 맞는지는 다녀봐야 안다. 이것 또한 쓸데없는 걱정이다.

개 되지 않았다. 대부분 직접 해봐야 아는 것들을 미리 걱정하고 있었다.

나는 결정을 하자마자 곧바로 전화했다.

“저에게 좋은 기회를 주셔서 감사합니다. 언제부터 출근하면

될까요?"

돌다리도 두들겨보고 건너라고 하지만 너무 두들기다 보면 결국 제때 건너지 못한다. 해보기도 전에 쓸데없는 걱정을 하는 것은 오히려 인생에 독이 될 수 있다.

자신이 원하는 기회가 찾아왔다면 일단 긍정적으로 생각해 보고 판단해야 한다. 도저히 긍정적인 생각이 떠오르지 않는다면 잘못된 선택일 수 있다. 성공하고 싶다면 쓸데없는 걱정을 접고 바로 실행에 옮겨야 한다.

자신감을 가져라

일생에 한 번 하기도 어려운 업 전환을 나는 두 번이나 했다. 그리고 두 번 다 성공적으로 정착했다. 새로운 업에 도전할 때마다 적지 않은 갈등과 시련이 있었지만 모든 질문의 답은 내가 가지고 있었다.

홈쇼핑 일을 계속해야 할지 아니면 포기해야 할지, 보험회사에 입사해야 할지 말아야 할지 선택의 기로에 섰을 때 나는 이미 답을 알고 있었다. 그런데 수많은 생각과 걱정이 발목을 잡고 시련에 따른 고통을 피하려고 한다면 답을 알면서도 쉽게 결정하지 못한다.

선택하기 어렵다고 판단했을 때부터 나는 이미 어떤 결정을 내려야 할지 알고 있었다.

자신에게 시련이 닥쳤다는 것은 곧 도전하라는 시그널일 수 있다. 그러니 포기하지 말고 도전해 봐야 한다. 일단 도전하기로 했다면 부정적인 생각은 멈추고 자기 자신에게 최면을 걸어보는 것이다.

"나는 최고다. 나는 최고가 될 수 있다. 나는 해내야 한다."

자신감을 가지고 직진해 보는 것이다.

엄마, 존경하지만
그렇게 살지는 않을 거야

나에게 엄마라는 이름은 부르는 순간 가슴이 먹먹하고 뭉클한 존재이다. 그 어떤 말로도 형용할 수 없고, 그 어떤 것과도 비교할 수 없다. 나에게는 엄마가 그야말로 신적인 존재와 같다. 신이 만든 최고의 선물 하나를 꼽으라고 하면 나는 당연히 엄마를 꼽을 것이다. 누구에게나 그렇겠지만 엄마는 그 어떤 것과도 바꿀 수 없는 특별한 존재이다. 특히 나에게 엄마는 존경의 대상이었다.

내 엄마가 나에게 줬던 아낌없는 사랑과 무조건적인 희생의 절반이라도 우리 아이들에게 줬더라면 나는 최고의 엄마가 되었을 것이다. 하지만 좋은 엄마의 모습을 보고 배우며 자랐는데도 나는 절대 엄마처럼 살고 싶지 않았다.

엄마의 연세는 올해 일흔여덟 살이다. 여든 살까지 얼마 남지 않았다. 자신의 몸 하나도 건사하기 힘든 연세에 엄마는 나의 두 아이, 즉 손주들을 키워주고 계신다. 어릴 적 나를 키울 때보다 더 지극 정성과 사랑으로 아이들을 돌봐주신다. 이런 엄마의 도움은 일과 육아를 동시에 해야 하는 워킹맘에게 너무도 큰 힘이 되고 있다.

한평생 가족을 위해 희생해 온 엄마를 한 사람으로서 너무도 존경한다. 하지만 나는 엄마처럼 살고 싶지 않다. 엄마의 삶을 답습하고 싶지 않다. 왜냐하면 엄마가 살아온 인생에는 엄마 자신을 위한 삶이 존재하지 않기 때문이다.

엄마는 자신을 위해 음식을 만들어본 적도 없다. 자신을 위해 옷 하나 제대로 사본 적도 없다. 마음 편히 여행을 가본 적도 없다. 몸이 아파도 미련하게 참아냈다. 그저 자식 걱정 남편 걱정을 하느라 정작 본인의 몸이 아프다는 것조차 인지하지 못했다. 그러다 내가 대학을 졸업하고 사회생활을 막 시작할 무렵 유방암 진단을 받았다.

그런데도 엄마는 내 앞길을 막을까 봐 '괜찮다' 하시면서 힘겨운 항암치료를 혼자 이겨내셨다. 나는 꿈을 외치면서 이런 엄마의 마음을 아프게 했고, 몇 년 후 아버지가 파킨슨병 진단을 받고 몸져눕게 되었다.

자신만을 위한 삶이 엄마에게는 없었다. 그런 엄마를 보면서 속상하고 안타깝고 불쌍한 마음이 가득했다. 하지만 절대 엄마처럼 살지 않겠다고, 절대 나를 버리는 삶을 살지 않겠다고 다짐하고 또 다짐했다.

엄마의 거울

그렇다면 과연 나는 그 다짐을 잘 지키고 있을까? 나의 행동에서 엄마의 모습을 느낄 때마다 나는 그렇지 않다는 것을 알게 되었다.

장을 보러 가서 내가 가장 좋아하는 사과 하나를 들고 살까 말까 한참을 고민하다가 결국 딸이 좋아하는 귤을 집어 든다. 예전에 엄마가 자신이 먹고 싶은 것을 포기하고 자식들이 좋아하는 것을 선택할 때마다 나는 엄마에게 "엄마가 먹고 싶은 걸로 사. 왜 그래, 정말" 하면서 핀잔을 주곤 했다.

엄마와 함께 쇼핑을 할 때였다. 엄마는 쇼윈도에 걸린 옷이 마음에 들었는지 매장 안으로 들어가서 가격표를 확인하고는 옷을 만지작거리면서 한참을 이것저것 따지더니 결국 내 손을 잡고 나왔다. 나는 엄마에게 "그 정도는 사도 돼. 안 살 거면 뭐하러 들어갔어" 하며 짜증을 냈다. 하지만 나 역시 인터넷 사이트에서 사고 싶은 옷을 장바구니에 한가득 넣어놓고는 한 달이 지나도 사지 못하고 망설이면서도 아이들과 남편의 옷은 고민 없이 결제한다.

외향적인 엄마는 여행도 좋아하고 친구도 좋아해서 날이 좋으면 바람을 쐬러 나가고 싶다고 자주 말하곤 했다. 그럴 때마다 나는 엄마도 엄마 시간을 당당하게 가지라고 큰 소리로 말했다. 그러면 엄마는 "너도 나중에 애 낳고 살아봐. 가장 쉬운 게 가장 어려운 일이야"라고 말씀하시곤 했다. 항상 자신을 포기하고 가족 중심으로 사는 엄마의 모습을 보면서 나는 절대 엄마처럼 살고 싶지 않다고 생각했다. 하지만 어느 순간 나도 모르게 엄마를 닮아가는 자신을 발견한다.

그리고 비로소 깨닫게 되었다. 가족을 위해 살아온 엄마의 삶은 결코 잘못된 것이 아니다. 그리고 자신이 원하지 않는 삶이라고 해서 현실을 부정할 수는 없다. 생각이 여기에 이르자 2가지

의문이 들었다.

첫째, 나는 아이들에게 어떤 엄마가 되고 싶은 걸까? 둘째, 나의 엄마는 나에게 어떤 엄마이기를 원했던 것일까?

완벽한 답을 찾기는 매우 어려운 일이다. 다만 한 가지 확실한 것은 가족의 중심에 있는 사람은 엄마인 나이기 때문에 내가 바로 서지 않으면 가족 모두 힘들 수 있다는 점이다.

내 아이에게 보여주고 싶은 것은 바로 자존감 있는 엄마의 모습이다.

엄마로서 자존감은 내 행복이 가족의 행복이라고 생각하는 것에서 시작된다.

엄마가 변하다

시대가 변하고 환경이 변했다면 우리가 추구하는 엄마의 모습도 변해야 한다. 그리고 그 변화를 위해 몇 가지 알아두어야 할 것들이 있다.

첫째는 꼭 내가 해야 한다는 생각을 절반만 줄이는 것이다. 회사 일이든 집안일이든 나 아니면 안 된다는 생각을 버려야 한다. 사실 나 아니어도 잘 돌아가는 일들이 너무도 많다.

둘째는 자신의 감정에 솔직해지는 것이다. 힘들면 힘들다, 슬프면 슬프다고 자신의 감정을 솔직하게 표현해야 가족도 나에게 감정을 솔직하게 털어놓을 수 있다. 대화는 솔직한 감정을 드러내는 것부터 시작된다.

무조건 희생하는 엄마의 모습만이 정답은 아니다. 이제는 자존감 있는 엄마의 모습에서 아이들은 배우고 성장할 것이다. 내가 행복해야 가족 모두 행복할 수 있다는 것을 엄마인 자신이 먼저 깨달아야 한다.

드라마와 현실은 다르다

결혼 계획이 있거나 결혼할 생대를 찾는 후배들에게 가장 많이 듣는 말이 있다.

"선배님이 너무 부러워요. 결혼도 하고 아이까지 낳았으니 얼마나 좋겠어요. 저도 선배님처럼 빨리 결혼해서 안정되게 살고 싶어요."

이런 말을 들을 때마다 나는 그저 웃을 뿐이다. 그리고 짧게 한마디 한다.

"나중에 결혼해서 살아봐. 살아보면 알게 될 거야."

결혼하고 전업주부로 사는 친구들에게 가장 많이 듣는 말이 있다.

"집에만 있으니까 너무 힘들다. 차라리 나가서 일하면 덜 답답할 것 같아. 넌 좋겠다. 일하니까. 절대 그만두지 마."

이렇게 말하는 친구에게 해주는 말이 있다.

"일해 봐. 진짜 죽을 거 같을걸."

나와 같은 워킹맘들에게 가장 많이 듣는 말은 이것이다.

"친정엄마가 살림해 주지, 애 봐주지. 참 복도 많아."

연로하신 엄마의 도움을 받는 나를 부러워하는 그녀들에게 나는 이렇게 말한다.

"맡겨봐. 그때 내 심정을 알게 될 거야."

결혼 전에는 결혼 생활에 대한 꿈이 있었다. 그리 거창하지도 않고 허황되지도 않은 꿈이었다. 남자가 부자여야 한다는 생각도 없었고, 살 집을 장만해야 한다는 조건도 없었다. 그저 결혼해서 아이 셋을 낳고 사회생활을 하면서 동시에 가정을 꾸려가는 멋진 엄마이자 아내가 되고 싶었을 뿐이다.

지금의 남편과 결혼할 때도 돈이 얼마나 있는지, 자기 집을 소유하고 있는지 등 어떤 조건도 묻지 않았다. 나에게는 중요한 사항이 아니었기 때문이다. 그저 내가 하고자 하는 일을 하고 가고자 하는 방향으로 같이 가면서 함께 호흡할 수 있는 사람이면 충분했다.

그런데 막상 결혼하고 보니 우리 부부의 호흡은 예상외로 숨가빴다. 아침 6시 30분에 눈을 뜨자마자 잠든 아이를 깨우고 어린이집에 갈 준비를 한다. 그러고 나서 우리는 두유나 우유를 대충 마시고 헐레벌떡 회사에 출근한다. 일과 가정을 모두 챙겨야 하니 회사에 출근하고서도 머릿속에서 집안일이 떠나지 않아 일하는 짬짬이 집에 전화를 하곤 한다.

그렇게 바쁜 하루를 보내다 퇴근 시간이 되면 남은 일을 얼른 마무리하고 부리나케 집으로 달려간다. 집에 도착하자마자 아이를 씻기고 밥을 먹이고 잠을 재우기까지 엉덩이를 붙일 시간이 없다. 그렇게 초스피드로 집안일을 처리하고 나면 밤 11시쯤 된다. 하지만 곧바로 잠들 수는 없다. 다시 노트북을 켜고 미처 마무리하지 못한 일을 더 하거나 새로운 소식이 있는지 뉴스를 본다. 그러다 보면 새벽 1시쯤 침대에 눕는다. 졸려서 잠들기보다 내일을 위해 잠자리에 드는 것이다. 이런 생활이 매일 반복된다.

나는 분명 다른 워킹맘보다는 가족의 도움을 많이 받는 편이고, 내가 하고자 하는 일도 열심히 추진하고 있다. 하지만 이상하게도 편하다는 생각이 전혀 들지 않는다. 남들보다 좋은 조건의 워킹맘인데도 왜 항상 마음이 불편할까? 육체적인 피로나 스트레스가 아닌 다른 무언가가 있는 것이었다.

비즈니스온커뮤니케이션에서 워킹맘과 워킹대디들을 대상으로 육아와 일을 병행하는 것이 현실적으로 힘든지, 힘들다면 그 이유가 무엇인지에 대해 설문 조사를 했다. 그 결과 10명 중 7명(73퍼센트)이 '힘들다'는 답변과 함께 그 이유를 '자녀에게 신경 써주지 못하는 것에 대한 죄책감'으로 꼽았다. '일과 육아 2가지 모두 제대로 못 할까 봐'라는 의견이 23퍼센트, '양육비 부담'이라고 응답한 사람이 2퍼센트였다.

설문 조사 결과처럼 나 역시 비교적 워킹맘으로서 좋은 조건이었는데도 마음이 불편하고 힘들었던 이유가 아이에게 제대로 신경 써주지 못하는 것에 대한 죄책감 때문이었다.

일명 칼퇴근을 하고 초스피드로 귀가하더라도 아이와 보낼 수 있는 시간은 길어봤자 2시간 남짓이다. 내 아이가 오늘 하루

어떻게 보냈는지 눈을 맞추며 이야기할 시간이 없다. 씻고 먹이고 숙제나 다음 날 등교 준비를 얼른 끝내고 재우기 급급하다. 나는 아이에게 오늘 하루는 어땠는지, 속상한 일은 없었는지 묻기보다 빨리 빨리라는 말을 계속 반복한다.

결혼 전에는 퇴근하고 가족이 모여 오순도순 이야기하면서 여유로운 시간을 보내는 생활을 꿈꿨다. 하지만 현실에서 워킹맘과 워킹대디들은 숨 가쁘게 달리고 있다. 미혼 여성들과 기혼 여성들의 대화가 원활하지 않는 이유는 이처럼 결혼의 이상과 현실이 전혀 다르기 때문이다.

나는 대학원에서 교육심리를 전공했다. 집에 오면 수업에서 배운 여러 가지 이론들을 아이에게 대입해 보지만 결과는 번번이 실패였다. 한두 번은 가능하지만 지속적으로는 불가능하다. 현실 속의 아이는 책에 등장하는 이론 속의 아이와는 전혀 다르다.

조금씩 달라지고 있다

여러 가지 현실의 어려움을 개선해 나가기 위해서는 사회 전반의 제도적인 변화가 필요하다. 정부에서 과감한 정책으로 대

대적인 변화를 주지 않는 한 육아와 일을 병행하기는 어려울 수밖에 없다. 그래도 세상이 많이 변해 몇몇 기업은 워킹맘과 워킹대디들을 위한 제도를 시행하고 있다.

대표적으로 롯데기업은 2017년 전 계열사에 '남성 육아휴직 의무화제도'를 도입했다. 시행 첫해인 2017년 11월 말 기준 남성 육아휴직자가 1050명이었다. 일과 가정의 양립을 강조한 리더의 의지가 강했기 때문에 가능한 일이었다. 이런 과감한 제도적 시행은 경력 단절 워킹맘에게 긍정적인 영향을 줄 수 있다.

현대백화점은 임산부 직원에 한해 2시간 단축 근무를 허용했다. 근로기준법상 임신 후 12주 이내 또는 36주 이후에만 사용할 수 있었던 '임산부 근로시간 단축제도'를 임신 기간 전체로 확대 시행하기로 한 것이다. 현대백화점의 워킹맘들은 임신을 인지한 순간부터 출산 시까지 2시간 단축 근무를 하면서도 급여는 기존과 동일하게 지급받는다. 이 또한 가정과 일의 양립에 대한 리더의 강력한 의지가 있었기 때문이다.

AIA생명보험은 근로시간 단축 근무뿐만 아니라 임신과 출산에 대해 회사 전체가 당연하게 받아들인다. 여직원이 임신 사실을 알리면 서로 축하해주는 분위기여서 배부른 여직원이 근무하는 모습이 전혀 어색하지 않을 정도다. 나 또한 이 회사에서 두 아이를 출산하고 업무에 복귀하는 데 큰 어려움이 없었다. 이처럼 개인의 의지도 중요하지만 기업 전반으로 복지가 잘되어 있고 현장 분위기가 조성되어야만 경력 단절 없이 업무에 복귀할 수 있다.

그 밖에 LG유플러스는 8세 이하 자녀를 둔 여직원과 임산부들을 대상으로 시차출퇴근제도를 탄력적으로 운영한다. 개인이 아닌 기업에서 크고 작은 시도를 적극적으로 시행하다 보면 분명 사회 전체로 이와 같은 문화가 확산될 것이다.

또한 기업에 이어 정부 차원에서도 유치원 및 보육시설이 확충된다면 워킹맘들은 지금보다 더 나은 환경에서 일할 수 있고, 미혼 여성들도 결혼에 대한 막연한 두려움을 가지지 않을 것이다.

일하는 여자가 극복해야 하는 것들

세계에서 가장 작은 국가이자 교황의 나라 바티칸시국은 독립국가가 된 이후 90년 동안 남성들에 의해 통치된 나라로 여성들의 사회 진출이 많이 제약되었다. 그런데 이곳에서도 새로운 개혁의 바람이 불기 시작했다.

오랫동안 성직자나 남성이 맡아왔던 바티칸 박물관 관장 자리에 세 자녀를 둔 워킹맘이 임명되었다. 남성 중심 사회인 바티칸 사회에 적잖은 충격을 안겨준 인사였다. 강한 변화의 바람이 90년간 여성에게 굳게 닫혀 있던 문을 연 것이다.

과거에는 남자와 여자의 역할이 따로 정해져 있고 각자의 역할을 침범하거나 떠넘겨서는 안 된다고 생각했다. 남자는 밖에 나가 돈을 벌어 가족의 생계를 책임지고, 여자는 아이를 키우고 살림을 하며 남편을 내조하는 것이 옳다고 여겼다. 하지만 지금은 맞벌이를 하는 부부가 늘어나면서 집안일도 부부가 공동으로 해야 한다는 인식이 보편화되었다. 더 이상 남자와 여자의 역할을 구분할 필요가 없게 된 것이다.

남자와 여자의 역할에 대한 사회 통념이 깨지면서 가정생활도 부모님 세대에 비해 많이 변화했다. 과거에 여성들은 사회활동을 하는 데 한계가 있었다. 남녀 차별이 존재했기 때문이다. 여성이라고 해서 사회적인 성공을 거둘 수 없는 것은 아니었지만 그러기 위해서는 남자들보다 훨씬 더 많은 노력을 하고 사회적 인식에 맞서 싸워야 했다. 하지만 지금은 남녀 구분 없이 능력과 실력으로 인정받는 시대이다. 그렇다면 이런 변화의 시대에 우리 여성들은 어떤 자세로 미래를 준비하고 있을까? 우리 여성들 스스로 준비되어 있어야 기회를 잡을 수 있다.

어느 은행의 직원은 육아휴직을 냈다가 직장 내에 야간까지 운영하는 어린이집을 늘린다는 경영 방침을 듣게 되었다. 그녀는 남편과 신중하게 의논한 결과 회사에 복귀할 좋은 기회라는 판단을 내렸다. 하지만 그녀는 복귀하지 못했다. 이유는 스스로 자신이 없었기 때문이었다. 1년 가까이 아이를 키우는 것 외에는 아무것도 하지 않았던 그녀는 몸 관리 또한 소홀할 수밖에 없어 몸무게가 8킬로그램 넘게 늘어나 있었다. 이처럼 기회는 내가 생각하지 못한 때에 갑자기 찾아온다. 따라서 자신을 위해서나 가족을 위해 늘 준비되어 있어야 한다.

전업주부나 결혼하지 않은 미혼 여성도 마찬가지다. 기회란 언제 갑자기 찾아올지 모르기 때문에 늘 준비하는 자세가 필요하다.

그렇다면 우리는 어떤 준비를 해야 할까? 구체적인 사항은 2장과 3장에서 이야기할 것이다. 그 전에 우리는 실행 단계에서 발생할 수 있는 돌발 상황을 미리 예측하고 파악해 둘 필요가 있다.

결혼하지 않은 미혼 여성

30대 후반의 미혼 여성 A씨는 입버릇처럼 항상 자신은 결혼하지 못할 수도 있으니 노후 준비나 해야겠다고 말했다. 주위 사람들은 그런 얘기를 농담으로 여길 뿐 심각하게 받아들이지 않았다. 나 또한 그 얘기를 들으면 "나이가 몇 살인데 그런 소리를

해"라고 가볍게 받아넘기곤 했다.

하지만 그녀에게는 매우 심각한 고민이자 해결할 수 없는 걱정거리였다. 평생 혼자 살아갈 수도 있다는 두려움이 컸기 때문에 무엇인가를 도전하고 투자해야 할 나이에 노후 준비만 하고 있었던 것이다.

앞에서도 말했듯이 정답은 없다. 그녀 스스로 노후를 완벽하게 준비할 수 있다면 잘못된 선택이라고 할 수도 없다. 하지만 삶에는 변수가 있게 마련이다. 모든 변수에 완벽하게 대응할 수 없다면 생각의 변화를 줄 필요가 있다.

인생은 끝없는 선택의 연속이다. 결혼 또한 인생의 수많은 선택 중 하나이다. 미래에 대한 두려움은 결혼과는 상관없이 정립되지 않은 생각에서 비롯된다.

자신의 인생은 스스로 정립해야 한다. 내가 하고자 하는 것이 무엇인지 정하고 적극적으로 실행하는 것이다.

B씨는 결혼 전 퇴근 후 남는 시간을 이용해서 영어학원을 다녔다. 그리고 영어에 대한 흥미를 느낄 때쯤 지금의 남편을 만나 연애를 하고 결혼했다. 결혼 후 그녀에게 어떤 변화가 찾아왔을까? 그녀는 3년째 영어학원을 다니고 있다. 첫아이를 임신했을 때는 학원에 다니는 대신 온라인 강의를 들었고, 출산 후에는 영

어 동아리에 가입해서 영어 공부의 끈을 놓지 않았다. 그녀는 결혼 전에 자신이 했던 일을 결혼 후에도 포기하지 않고 꾸준히 이어갔다.

대부분의 미혼 여성들은 결혼하면 자신의 생활 패턴을 바꾸려고 한다. 신혼 생활을 누리는 재미도 있겠지만 배우자가 어디까지 이해할지 가늠할 수 없기 때문이다. 그러나 배우자의 이해는 내가 하고자 하는 의욕이 어느 정도인지에 따라 달라질 수 있다. 열심히 하지 않고 대충 하는 모습을 보면 배우자 또한 적극적으로 협조하지 않는다.

결혼은 자기 인생에서 하나의 선택일 뿐 인생 전체를 바꾸는 전환점이 아니다. 결혼과는 상관없이 내가 하고자 하는 목표를 향해 꾸준히 나아가야 한다. 따라서 결혼을 했든 하지 않았든 지금 하고자 하는 것이 있다면, 그리고 해야 하는 것이 있다면 지금 당장 하는 것이 정답이다.

워킹맘이 좋다?

워킹맘에 대한 이야기를 시작하기 전에 한 가지 질문을 해보

워킹맘으로서 좋은 점은 무엇인가?

좋은 점 1)

좋은 점 2)

좋은 점 3)

려고 한다.

워킹맘으로서 좋은 점 3가지만 적어보자.

나 또한 워킹맘으로서 좋은 점과 그 이유를 생각해 보았다.

첫 번째는 소득으로 인한 경제력 확보다. 아마도 워킹맘을 택한 주된 이유일 것이고, 워킹맘들이 가장 많이 공감하는 부분일 것이다. 실제로 육아와 일 중 하나를 포기해야 할 때 일을 포기하지 못하는 이유가 바로 경제적인 부분 때문이다. 물론 돈이 전부일 수는 없다. 하지만 아이를 키우고 생활하는 데 돈이 많이 드는 것도 사실이다.

워킹맘으로서 좋은 점 또 하나는 아이를 둘러싼 인맥이 아닌 나를 중심으로 연결된 사회적 인맥을 가질 수 있다는 것이다. 사회적 인맥을 통해 내가 미처 몰랐던 정보를 알게 되고 새로운 지식을 습득할 수 있다. 사회생활을 하면 아이를 둘러싼 인맥과 더 많은 소통을 할 수는 없다. 하지만 육아는 엄마의 소신이 가장 중요하다고 생각하기 때문에 부족함을 크게 느끼지 않는다.

마지막으로 좋은 점은 아이가 엄마를 귀하게 여긴다는 것이다. 나는 엄마의 소중함을 나이가 들고 아이를 낳으면서 뒤늦게 알았다. 하지만 나의 아이들은 엄마가 일하지 않는 날이 가장 큰 선물이다. 같이 있어줄 시간이 부족하니 주말이라도 충분히 놀아주려고 한다.

나는 양적으로 많은 시간을 할애할 수 없으니 아이에게 엄마가 일하는 것에 대해 양해를 구하고 같이 있는 동안에는 최대한 의미 있는 시간을 보내려고 한다.

이렇게 워킹맘으로서 좋은 점을 나열하다 보면 지금까지 내가 고민했던 것들이 어느 정도 해소되는 느낌이다. 여기서 좀 더 구체적인 실행 계획을 세운다면 워킹맘으로서 더 나은 생활을 할 수 있을 것이다.

미혼 여성이든 워킹맘이든 자신이 처한 상황에서 변화와 개선을 해야 한다면 가장 먼저 어려운 점을 나열하기보다 좋은 점을 나열해 보자. 그러면 자신이 미처 몰랐던 좋은 해결책을 떠올릴 수 있다.

내 안의 선입견 깨부수기

학교를 졸업하고 취업을 하기까지, 또는 이직을 하면서 수많은 면접을 본다. 나 또한 취업과 이직을 위해 적지 않은 면접을 봤는데, 그중 유독 기억에 오래 남는 면접이 있다. 시간이 꽤 흘렀는데도 나는 강의할 때마다 그때의 면접을 단골 사례로 언급하곤 한다.

나는 직장 선배의 추천으로 어느 회사의 교육관리자 채용에 응시하게 되었다. 다행히 1차 서류 접수를 통과하고 2차 면접을 거쳐 3차 최종 면접까지 올라가게 되었다.

꼭 해보고 싶었던 일이었기에 무척 기뻤고, 그만큼 철저히 준비했다. 질문 리스트도 작성하고, 해당 회사의 연혁이나 추구하는 목표 등을 꼼꼼히 체크했다. 그리고 면접 전날은 화사한 옷도 한 벌 샀다. 하나하나 준비할수록 더욱 부족함이 느껴지고 긴장되었다.

드디어 최종 면접 당일이 되었다. 저녁 늦게 잠들었는데도 일찍 눈이 떠져서 충혈된 눈으로 화장을 하고 면접 장소로 향했다.

면접 대기실에 도착해 보니 나 외에 후보자가 2명 더 있었다. 그중 나는 유일한 여자였다. 나의 조건이 유리한지 어떤지 생각할 여유조차 없었다. 나는 곧바로 미리 뽑아온 예상 질문지를 보면서 계속 외우고 연습했다.

그렇게 20여 분이 지났을 때쯤 면접 담당자가 다가와 면접 시작을 알렸다. 나는 재빨리 화장을 고치고 옷매무새를 가다듬은 다음 면접장으로 향했다. 면접장에는 4명의 면접관이 앉아 있었고, 그 앞에 3개의 의자가 놓여 있었다. 후보자들이 자리에 착석하자마자 면접이 시작되었다.

맨 처음에는 3명 모두 각자 1분간 자기소개를 했다. 자기소개는 그리 어렵지 않았다. 가장 많이 연습한 부분이었기에 나는 능수능란하게 미소를 지으며 정해진 1분간 간결하게 자기소개를 끝냈다.

그다음은 입사를 지원하게 된 이유를 묻는 것이었다. 이것 또한 예상했던 질문이었기에 어렵지 않게 대답했다. 2가지 공통 질문이 끝난 후 개별 질문이 시작되었다. 가장 긴장되는 순간이었다. 예상 질문 리스트를 작성해 보기는 했으나 어떤 질문이 나올지는 알 수 없었다.

첫 번째 질문은 1번으로 앉아 있는 남자 후보에게 주어졌다.

"육군 현역으로 제대하셨는데 2년 동안 생활이 어땠나요?"

내가 생각하기에는 쉽게 답할 수 있을 것 같았는데, 본인에게는 어려웠는지 두서없이 이야기를 늘어놓았다. 듣다 못한 면접관이 "좋았다는 얘기죠?" 하면서 웃었다.

두 번째 질문은 내 옆에 앉은 남자 후보에게 주어졌다.

"음주를 좀 하시죠? 주량이 얼마나 되나요? 혹시 특별한 술버릇은 없나요?"

쾌활해 보이는 남자 후보는 음주 얘기를 마치 무용담처럼 재미있게 풀어나갔다. 옆에서 듣는 나조차 웃음이 나올 정도였다. 그의 답변이 끝나자마자 면접관들이 일제히 나를 쳐다보았다. 드디어 내 차례가 된 것이다. 너무 긴장되어 심장이 두근거렸지만 나는 아무렇지 않은 듯 미소 지으며 면접관들의 눈을 한 명 한 명 응시했다.

면접관 한 명이 나에게 첫 번째 질문을 했다.

"나이가 30대 중반이네요. 앞으로 결혼할 계획은 없나요?"

질문을 듣는 순간 아차 싶었다. 미리 준비하지 못한 질문이었기 때문이다. 하지만 어려운 질문은 아니라고 생각했다. 충분히 대답할 수 있을 것 같았다. 그런데 막상 대답하려고 하니 어떤 말을 해야 할지 생각나지 않고 갑자기 자신감이 떨어지면서 잔뜩 주눅이 들었다.

나는 결혼 계획이 있었는데도 "네, 아직은 없습니다"라고 대답했다. 우선 면접관들이 좋아하는 대답을 해서 일단 합격하는 것이 중요하다고 생각했다.

무의식중의 열등감

릴레이식 면접이 끝나고 집으로 돌아온 나는 모든 기대를 버렸다. 합격하지 못할 거라는 확신이 들었기 때문이다. 일주일 후 예상대로 불합격을 알리는 문자 한 통을 받았다. 예상은 했지만 막상 불합격 소식을 들으니 마음이 썩 좋지 않았다. 불합격 이유를 아무도 말해 주지 않았지만 나 스스로 잘 알고 있었기 때문이다. 그래서 기분이 좋지 않은 것을 넘어서서 화가 났다.

회사로서는 결혼 적령기인 30대 중반의 여성을 뽑기에는 너무 큰 모험이었을 것이다. 갑자기 결혼한다거나 임신이라도 하면 일에 지장이 있기 때문이다. 결혼을 하더라도 출산 걱정이 없는 남자가 훨씬 나을 것이다. 한참 동안 원망하고 나서도 기분이 풀리지 않았다.

얼마 후 그 회사를 소개해 준 선배에게 전화가 왔다.

"안 됐다는 소식 들었어. 아쉽네. 나는 당연히 될 줄 알고 신경도 안 썼는데 오늘 담당자가 전화해서 알려주더라고."

나는 신경 써서 소개해 준 선배에게 죄송한 마음이었다. 하지만 다른 한편으로는 억울한 생각도 들었다.

"할 수 없죠. 제가 조건이 안 되나 봐요."

"아니야. 조건은 제일 좋았대. 그래서 면접 보기 전에는 유력했대. 그런데 막상 면접을 하다 보니 팀을 맡기기에는 자신감이 없어 보였다고 하더라고. 원래 말 잘하잖아. 그날 컨디션이 안 좋았어?"

"아, 네, 조금 안 좋았어요. 열심히 한다고 했는데, 죄송해요."

"아니야. 고생했어. 다음에 더 좋은 기회가 있겠지."

전화를 끊고 한참을 멍하니 있다가 면접 때 상황을 다시 떠올려보았다. 그날 내 컨디션은 최상이었다. 면접 준비도 철저히 했고 아침에도 기분이 좋았다. 어느 하나 부족한 것이 없었다. 그런데 딱 한 가지 걸리는 것은 일대일 개별 질문이었다. 면접관의 첫 질문에 나는 많이 위축되었다. 결혼에 대한 질문은 내가 허물 수 없는 벽이자 최대의 약점이라고 생각했다. 그래서 그 질문 이후에는 아무리 쉬운 질문에도 자신 있게 대답할 수 없었다.

불합격의 원인이 여자로서 내가 가지고 있는 조건들이라고 생각했는데 반대로 가장 큰 원인은 나에게 있었다. 결국 오랫동안 버리지 못한 여자로서 열등감과 나 스스로 만들어낸 선입견이 내 발목을 잡은 것이다. 비록 그 면접에서 불합격했지만 얻은 것이 더 많았다. 그런 경험을 하지 못했더라면 이후 자신감을 가질 수 없었을 것이다.

선입견은 내 불행을 자초하는 길이다

그렇다면 어떻게 해야 선입견을 버릴 수 있을까? "나는 생각한다. 고로 존재한다"라고 말한 데카르트라면 아마 이렇게 말했을 것이다.

"생각하고 있는 자신을 제외하고는 모든 것을 의심하라."

'남자는 다 그래', '여자는 원래 그래', 이런 선입견이 생길 때마다 '왜?'라고 스스로에게 질문을 던지는 연습을 하자. 의심을 많이 해볼수록 자신이 오랫동안 깨지 못한 선입견을 타파할 수 있다. 그리고 선입견을 극복할수록 자기 앞에 더 많은 기회가 펼쳐지는 경험을 하게 될 것이다.

착한 여자 콤플렉스에서 벗어나기

'착하다', '이해심이 많다', '꼼꼼하다', 이런 말을 듣고 기분이 나쁜 사람은 없을 것이다. 모두 좋은 말이므로 상대가 나에게 호감을 가지고 있다는 뜻으로 해석할 수 있다. 상대가 나를 좋게 생각하며 칭찬하니 기분이 좋을 수밖에 없다. 그러나 아무리 듣기 좋은 말도 지나치면 나에게 약점이 될 수 있고 또 다른 스트레스로 작용하게 된다.

모 기업에 다니는 B씨는 직장 동료들에게 가장 많이 듣는 말이 '이해심이 많다'는 것이었다. 모든 사람들이 그녀를 이해심 많은 사람으로 여기고 있었다. 그녀는 항상 상대를 배려하는 마음과 행동이 몸에 배어 있었다. 사람들은 그녀의 사려 깊은 행동에 칭찬을 아끼지 않았다. 그런데 정작 당사자는 자신의 그런 성격을 싫어했다. 심지어 상대를 배려하는 행동을 하고 싶어 하지도 않았다.

늘 친절하게 행동하면서도 그러한 자신의 모습을 싫어하다니, 처음에는 그녀의 마음을 이해할 수 없었다. 하지만 나는 곧 누구나 그럴 수 있다는 것을 알게 되었다.

그녀는 착한 행동 때문에 착한 여자 콤플렉스에 빠지고 말았다. 늘 상대를 배려해야 한다고 생각하다 보니 정작 화를 내야 할 상황에서 화를 내지 못하고, 거절해야 할 일도 거절하지 못한 것이다. 그녀의 사려 깊은 행동으로 주위 사람들은 편안하지만 정작 그녀는 몹시 힘들고 괴로웠다.

'지금부터라도 싫은 건 싫다고 말하고 거절도 해봐'라고 말하겠지만 타고난 성격과 습관화된 행동을 바꾸기가 쉽지 않았다.

그녀를 깊이 이해할 수 있었던 것도 나 역시 잠시나마 착한 여자 콤플렉스를 경험한 적이 있기 때문이었다. 그때 나도 몹시 힘들고 괴로웠다.

현재 자신이 착한 여자 콤플렉스에 빠져 있는 것은 아닌지 확인해 볼 필요가 있다. 그렇다면 착한 여자 콤플렉스란 어떤 것일까? 어른이 되어서도 자신의 감정을 솔직히 표현하지 못하고, 타인에게 착한 사람으로 보여지기 위해 자신의 욕구나 소망을 억압하면서 지나치게 노력하는 것을 말한다.

한마디로 나를 위한 삶이 아닌 타인을 위한 삶을 살고 있는 것이다.

착한 여자는 불행하다

'우리 딸은 참 착해', '우리 며느리는 참 착해', '우리 아내는 참 착해', 이런 말을 한 번이라도 들으면 묘하게도 자꾸 그 말에 맞춰 행동하려고 한다. 상대의 말에 부응하기 위해 계속 착한 행동을 함으로써 인정받으려는 심리다.

결국 착한 여자 콤플렉스로 인해 자기가 피해를 입을 수 있는데도 싫은 내색을 하지 못한다. 심지어 자신의 일을 미루면서 다른 사람의 부탁을 거절하지 못하고 받아들인다. 착한 여자 콤플렉스에 한번 갇히면 벗어나기가 쉽지 않다.

B씨는 매일 아침 남편과 아이를 위해 밥상을 차리고 일주일에 한 번 시댁을 방문해 시부모님과 주말을 보낸다. 나는 그런 그

녀를 보면서 대단하기도 하고 신기하기도 했다. 그렇게 할 수도 있지만 지속적으로 하기는 어렵기 때문이다. 물론 나는 그녀처럼 착하다는 말을 듣지 못한다.

나는 착하다는 말을 듣기 위해 노력하지는 않는다. 그녀를 부러워해 본 적도 없다. 왜냐하면 그녀의 일상이 너무도 힘들어 보였기 때문이다.

가끔은 그녀에게 이렇게 말한다. "이번 주는 시댁 가지 말고 좀 쉬어." 그러면 그녀는 힘없는 목소리로 말한다. "매주 갔는데 갑자기 안 가기가 좀 그래요. 시댁에 가는 것보다 안 간다고 말하기가 더 힘들어요."

그렇게 말하는 그녀를 보면서 내 마음이 답답했지만 정작 답답하고 힘든 것은 그녀였다. 나의 조언은 그녀에게 아무런 도움이 되지 않았다. 그녀가 변하려는 의지가 없는 한 어떤 조언도 소용이 없었다. 지금도 그녀는 변함없이 매주 금요일을 힘들어하고 있다. 모두가 기다리고 기다리는 주말이 그녀에게는 차라리 오지 않았으면 하는 날인 것이다.

가끔 그녀가 너무 안됐다는 생각에 이런저런 이야기로 설득해 보려고도 했다. 하지만 그녀는 참는 것이 더 편하다며 나의 조언을 정중하게 거절했다. 그녀의 상황에 한숨을 쉬는 사람도 있겠지만 누군가는 매우 공감하고 이해할 것이다.

2가지 반응 중 공감하고 이해하는 쪽이라면 착한 여자 콤플렉스에 사로잡혀 있는 것은 아닌지 자신의 행동을 돌아볼 필요가 있다. 지금부터라도 착한 여자 콤플렉스에서 벗어나는 연습을 해야 한다. 내가 어떤 사람인지 가족 모두 인지하고 이해할 수 있도록 전달해야 한다.

나를 전달하는 법

과연 어떻게 해야 가족들이 나라는 존재를 있는 그대로 받아들일 수 있을까?

첫째, 아이에게 일하는 엄마라는 것을 정확하게 전달해야 한다. 전업주부인 엄마처럼 모든 것을 함께할 수 없다는 것을 아이들도 알아야 한다.

늘 함께할 수 없는 엄마의 빈자리를 느끼지 않도록 긴밀하게 대화하는 시간을 많이 가져야 한다. 대화를 통해 엄마는 직장에서, 자신은 학교에서 각자 최선을 다하는 것이 중요하다는 것을 아이들도 이해해야 한다. 결혼 전에는 내 아이만큼은 이렇게 키울 거야 하는 바람이 있었다. 막상 아이를 낳으면 이런 바람은 워킹맘의 현실에 부딪히고 만다. 하지만 현실의 벽은 얼마든지 현명하게 헤쳐 나갈 수 있다. 현실을 원망할 것이 아니라 분명한 기준을 세우고 실천해 나가는 강단이 필요하다. 착한 여자 콤플렉스에서 벗어나려면 엄마라는 사람은 모든 일을 완벽하게 해내는 만능한 존재가 아니라는 사실을 아이와 본인 모두 인정해야 한다.

둘째, 일하는 며느리, 일하는 아내임을 정확하게 전달해야 한다. 그러기 위해서는 자신이 할 수 없는 일에 대해서는 '못한다'고 당당하게 말해야 한다.

앞에서 언급한 B씨는 '못한다'고 말하는 것이 더 어렵다고 했다. 결국 자신이 희생하는 쪽을 선택한 것이다. 자신의 감정을 솔직하게 털어놓지 못하고 자신의 행동을 억누른다면 우울한 감정이 생길 수 있다. 할 수 있는 일에는 최선을 다하고 할 수 없는 일은 당당하게 거절하라. 이러한 것을 조절할 수 있어야만 콤플렉스에서 벗어날 수 있다.

셋째, 워킹맘이라는 사실을 회사에 정확하게 전달해야 한다.

아이를 낳기 전과 후의 여건은 분명 다를 수밖에 없다. 그 전에는 할 수 있었던 것을 지금은 할 수 없을 수도 있다. 환경이 달라졌기 때문에 모든 것을 수용할 수 없다는 것을 회사가 인지할 수 있도록 해야 한다.

넷째, 자신의 감정을 솔직하게 표현해야 한다.

착한 여자 콤플렉스를 가진 사람들은 대부분 밝고 명랑하며 화를 내거나 짜증을 내지 않는다. 그리고 자신이 잘못하지 않은 일에도 사과하는 것이 습관화되어 있다. 감정을 모두 표출하는 것도 문제가 있지만 무조건 억누르는 것은 더욱 큰 문제다. 적당한 감정 표현은 오히려 정신 건강에 좋고, 장기적으로는 인간관계에도 영향을 미친다.

착한 여자 콤플렉스에서 벗어나려면 먼저 자신에게 솔직해질 필요가 있다. 그리고 당당해져야 한다. 그래야만 자신은 물론 가족 모두 행복해질 수 있다. 앞으로 행복한 삶을 원한다면 지금 갇혀 있는 것에서 벗어나야 한다.

재취업과 이직 사이

평생 자신이 해야 할 업이 무엇인지 찾았다 해도 그것을 내 업으로 삼기는 쉽지 않은 일이다. 이유는 단 하나, 현실적으로 만만치 않기 때문이다. 우리나라의 취업 시장은 매년 어려워지고 있다. 예전에는 대학만 졸업하면 어디든 취직할 수 있었다. 하지만 지금은 취업 입시라고 할 만큼 취업의 문이 점점 좁아지고 있다.

4차 산업혁명으로 사람이 하는 일을 인공지능이 대체하면서 일자리도 갈수록 줄어든다. 이전에는 업을 찾기 위한 방법으로 용기, 도전, 열정을 강조했지만 지금은 용기, 도전, 열정만으로 넘기에는 현실의 벽이 너무 높다.

의학기술의 발달로 사람의 수명이 늘어나면서 길어진 노년을 어떻게 보낼지 심각하게 고민해 봐야 한다. 인생이 연장되면서 우리는 평생에 걸쳐 네 번의 변화 시기를 겪게 된다. 첫 번째는 태어나서 30대까지 경험과 습득의 시간으로 시행착오를 가장 많이 겪는 시기다. 두 번째는 40대부터 50대까지 인생의 정착기다. 세 번째는 60대부터 90대까지 은퇴의 시기다. 마지막은 90세 이후 한평생 살아온 인생을 마무리하는 시간이다.

길어진 인생에서 겪게 되는 네 번의 변화에 대처하기 위해서라도 평생 업 찾기에 집중할 필요가 있다. 지금 평생의 업에 대해 심각하게 고민하고 있다면 아마도 현실이 힘들기 때문일 것이다.

현재 자신의 일을 힘들어하는 데는 크게 2가지 이유가 있다. 첫째 자신의 업은 즐겁고 만족스럽지만 일하는 환경이 힘든 경우, 둘째 환경은 최상이지만 업이 자신에게 맞지 않는 경우다.

좋아하는 것과 적성 사이

취업 준비 3년 차인 A씨는 홈쇼핑 쇼호스트 지망생이다. 그녀는 2년 동안 쇼호스트가 되기 위해 많은 노력을 했다. 학원도 다니고 동기들과 스터디 모임도 하면서 누구보다 열심히 했다. 그런데도 그녀는 한 번도 제대로 된 방송에 출연해 본 적이 없다. 간혹 인터넷 방송이나 영상물 촬영을 하기는 했지만 그녀가 바라는 정식 쇼호스트가 되지는 못했다.

가족들은 그녀가 이제는 안정된 직업을 갖기를 바랐다. 그녀도 가끔은 자기 길이 아닌 것 같아 포기할까 하는 생각도 해보았다. 하지만 워낙 이 일을 하고 싶어 하기에 포기하지 못했다. 이처럼 자신이 즐겁게 하고 있는 일에서 성과가 따르지 않는다면 참으로 답답한 일이 아닐 수 없다. A씨의 상황이라면 쇼호스트라는 직업에 계속 도전하는 것이 옳을까?

대답하기 어려운 질문이다. 물론 마음 같아서는 좋아하는 일에 끝까지 도전하라고 말하고 싶다. 하지만 현실을 생각하면 업에 대한 전환을 고려해 볼 필요도 있다. 안타까운 상황에 처한 그녀에게 업 찾기의 선배로서 진심 어린 조언 한 가지를 해주고 싶다. 바로 자신이 가지고 있는 끼와 적성이 꼭 방송에 출연하는 쇼호스트에 맞는 것인지 점검해 보라는 것이다.

A씨가 원하는 일은 홈쇼핑 방송이다. 그런데 홈쇼핑 방송에는 쇼호스트 외에 여러 분야가 있다. 예를 들어 작가, PD, MD 등

많은 사람들이 모여서 하나의 방송을 만든다. 홈쇼핑 방송에 필요한 여러 가지 역할이 있는 것이다.

그녀는 직접 판매하는 쇼호스트가 아닌 다른 쪽에 적성을 가지고 있는지도 모른다. 홈쇼핑의 대표적인 직업이 쇼호스트이기 때문에 선택한 것이 아닌지 신중히 점검해 볼 필요가 있다. 쇼호스트가 아닌 다른 분야에 더 적성을 보인다면 재취업에 도전해 보는 것이 좋다.

다양한 업 찾기

B씨는 대학 졸업 후 강사 취업 공고를 보고 고민도 없이 입사 지원서를 냈다. 그녀는 한 번에 합격하고 자신이 바라던 강사 일을 본격적으로 시작했다. 너무도 좋아하는 일을 해서인지 그녀의 강의는 항상 좋은 평가를 받았고 강의 기술 또한 빠른 속도로 성장했다.

그녀는 자신이 좋아하는 일을 하면서도 성과도 좋았기에 앞으로 전혀 문제없을 것 같았다. 하지만 적성이나 성과와는 달리 그녀는 직장 생활을 매우 힘들어했다. 함께 일하는 선배들의 지나친 간섭으로 자신만의 방식으로 진행할 수 없었기 때문이다.

그녀는 자신이 좋아하는 일을 놓지 않으려고 매일 선배들의 눈치를 보고 비위를 맞췄다. 하지만 그녀는 2년의 힘든 노력 끝에 결국 강사 일을 그만두었다. 그녀는 좋아하는 일을 온전히 즐길 수 있는 환경을 가지지 못했던 것이다.

자신의 업을 찾기는 매우 힘들다. 그런데 그녀는 이미 자신의 업을 찾았고 더 다양한 일을 접해 볼 수 있었는데도 환경을 이기지 못해 어렵게 찾은 자신의 업을 버릴 수밖에 없었다.

일하는 환경은 적성과 성과 못지않게 중요하다. 힘든 환경이 지속되다 보면 자신이 좋아하는 일에 대한 회의감마저 들기 때문이다. 자신에게 맞는 일을 찾아서 성과를 냈는데도 그것을 계속할 수 없었던 B씨는 가장 안타깝고 후회가 가장 많이 남는 사례였다. 나라면 가장 힘든 시점에서 6개월 후 바로 이직을 했을 것이다.

업을 계속 이어가는 사람들은 무엇보다 시대와 상황에 맞춰서 변화한다. 평생 한 가지 직종에만 머무는 것으로 해석해서는 안 된다. 인생에서 맞이하게 될 4단계의 변화에 대응해 다양하게 업그레이드할 수 있다.

평생의 업 찾기는 지금 하고 있는 일 외에 다른 일을 찾는 것이 아니다. 지금 하고 있는 일이 내가 미처 알지 못했던 평생의 업이 될 수도 있다. 따라서 현재 자신의 일을 가볍게 생각해서도 안 된다. 다만 안정된 환경을 버리지 못하고 자신의 업이 아닌데도 꾸역꾸역 버티고 있는 것은 아닌지 생각해 볼 필요가 있다.

리스타트 시트

열정 지도 그리기

도전한 만큼 성공한다면 도전을 망설이는 사람은 없을 것이다.

노력한 만큼 결과를 얻을 수 있다면 노력을 기피하는 사람도 없을 것이다.

열정을 지속적으로 낼 수 있다면 부족한 열정을 고민할 필요 없을 것이다.

인내한 만큼 결과물이 반드시 따른다면 인내를 고통스러워하지 않을 것이다.

우리는 보통 성공하기 위해 가장 필요한 4가지 조건으로 도전, 노력, 열정, 인내를 꼽는다. 하지만 많은 사람들이 4가지 성공 조건을 최대한 끌어내지 못한다. 가장 큰 이유는 결과에 대한 확신이 없기 때문이다. 설령 도전, 노력, 열정, 인내를 가지고 시작한다 하더라도 중간에 포기하는 경우가 많다.

자기계발서나 성공 마인드를 주제로 한 강의를 보면 도전에 대한 의지, 노력의 중요성, 열정의 힘, 인내의 결실 등을 내세운다. 하지만 이 모든 것은 생각을 바꾸는 데 영향을 미칠 뿐 실제로 실행하는 것은 또 다른 문제다. 목표를 정하는 것 외에도 목표를 실행하는 과정 또한 구체적인 계획을 세워야 성공할 수 있다.

그렇다면 성공을 이끄는 과정에서 가장 중요한 것이 무엇일까? 바로 열정이다.

아무리 절실한 계획이라도 과정이 즐겁지 않으면 힘들 수밖에 없다. 포기하지 않고 끝까지 도전하는 것은 그 과정이 즐겁고 희망적이기 때문이다. 실행하는 과정에 가속도를 붙일 수 있는 매개체가 바로 열정이다.

새로운 일에 도전할 때 열정이 부족하면 더 이상 앞으로 나아갈 수 없다. 열정이 없다면 금세 흥미를 잃어버리게 된다. 열정이 없으면 속도를 낼 수 없다. 이처럼 열정은 성공의 밑바탕이다. 열정을 어떻게 관리하느냐에 따라 결과가 달라지는 것이다.

한 가지 유의할 점은 아무리 열정이 중요하더라도 너무 지나치면 오히려 독이 될 수 있다는 것이다. 열정이 지나치면 객관적인 판단을 흐리고 신중함을 잃을 수 있기 때문이다. 그렇기 때문에 열정을 조절하고 올바르게 사용할 수 있는 컨트롤 타워가 필요하다.

지금부터 자신의 열정을 조절할 수 있는 컨트롤 타워인 몸체를 만들어보자.

다음의 사람 그림은 열정 바디를 표현한 것이다. 우리는 모든 열정을 온몸으로 표현해야만 앞으로 전진할 수 있다. 그러기 위해서는 계획을 실행하는 데 필요한 모든 것에 열정 미션을 정해 두고 움직이는 것이 현명하다.

지금부터 다음 그림의 키워드에 해당하는 것들을 작성해 보자. 글로 자세히 적어도 좋고 나만이 알아볼 수 있는 상징적인 그림을 그려도 좋다.

머리 : 자신이 정한 목표와 그 이유

가슴 : 초심을 잃지 않기 위해 자신에게 던지는 마인드 메시지

배 : 목표에 도전하는 데 필요한 용기, 포기하고 싶을 때 다시 일어설 수 있도록 절대 포기해서는 안 되는 이유

팔 : 목표를 이루는 데 필요한 능력

다리 : 목표를 이루기 위해 해야 할 일과 필요한 습관

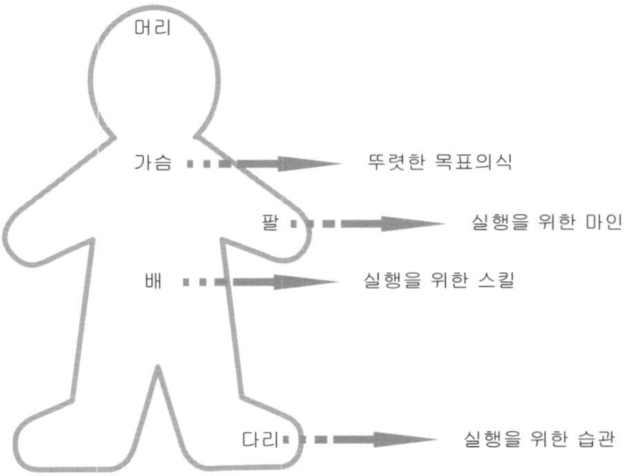

현재 자신의 열정 바디를 그려보자.

진로 교육에서 청소년들에게 해당 내용을 적어보라고 했다.

다음 그림은 당시 학생들이 작성한 열정 바디다.

청소년들은 자신의 꿈을 열정 바디로 그려보았다. 열정 바디를 그려보고 자신의 목표가 더 뚜렷해졌다고 말하는 학생도 있었다.

물론 성인과 청소년은 분명 열정의 대상이나 정도에 차이가 있다. 청소년들에게 열정 바디는 미래의 자신에 대한 상상이 80퍼센트 이상이다. 그리고 그들에게는 희망과 기대가 가득하다.

그러나 성인은 자신이 처한 현실에 대한 팩트가 80퍼센트 이상이다. 예를 들어 자신의 목표를 '빚 청산' 또는 '내 집 마련' 등으로 지극히 현실적인 내용을 적는다. 성인들의 열정 바디에서는 희망과 기대보다 현실의 무게감이 느껴진다.

열정 바디는 자신의 희망과 꿈을 작성해 보는 것이다. 너무 이상적이거나 지나치게 현실적인 것도 피하는 것이 좋다. 상상과 현실을 적절하게 섞어서 자신만이 알아볼 수 있는 상징적인 그림을 그리거나 글로 자세히 적어도 좋다. 열정 바디를 작성해 보면 자신이 펼칠 수 있는 모든 열정은 자기 안에 있다는 것을 스스로 경험할 수 있다.

CHAPTER 2

누구나 막연하다
_ 직업을 찾다

인생 포트폴리오를 짜라

인간의 수명이 길어지면서 다음과 같이 인생에서 네 차례 변화의 시기를 겪게 된다.

> ① 태어나서 30대까지 경험과 습득의 시간
> ② 40대부터 50대까지 인생의 정착기
> ③ 60대부터 90대까지 은퇴의 시기
> ④ 90세 이후부터 인생을 마무리하는 시간

우리는 4단계 변화의 시기를 거치면서 앞으로 어떤 미래가 펼쳐질지 궁금하면서도 불안한 마음도 클 수밖에 없다. 더불어

한 살 한 살 나이를 먹어감에 따라 모든 행동과 결정이 좀 더 신중해지게 마련이다.

현재 자신의 모습이 과거보다 발전되고 성장했다는 생각이 든다면 뿌듯하고 미래도 희망적일 것이다. 그러나 반대로 멈춰 있거나 뒤처져 있다는 생각이 든다면 미래가 어떻게 펼쳐질지 알 수 없어 답답하고 불안할 수밖에 없다.

변화의 시기에는 호락호락하지 않은 인생의 굴곡들이 숨어 있다. 따라서 그에 맞는 인생 시나리오를 작성해 볼 필요가 있다. 20대의 시나리오, 30대의 시나리오와 같이 매 시기마다 인생 포트폴리오를 미리 작성해 본다면 미래가 훨씬 더 희망적으로 느껴질 것이다.

인생 포트폴리오라는 조금 무거운 단어를 선택했지만 쉽게 말하면 연령대별 인생 이력서를 미리 예상해서 만들어보는 것이다. 우리는 취업을 위해 학력이나 직업, 경력 사항 등을 적어 이력서를 만든다. 이처럼 인생 이력서에는 객관적인 요소들이 들어 있기 때문에 자신의 장단점을 정확하게 파악할 수 있다.

나의 인생 이력서

인생 이력서를 본격적으로 작성하기 전에 연령대별로 기준점을 정해 보자. 해당 연령대에서 겪을 수 있는 어려움과 특징을 고려해서 기준점을 정해 놓으면 작성하기가 더 쉽고 정확도도 더 높다.

20대는 학교 졸업 후 취업이 급선무일 것이다. 지금의 청년들은 갈수록 어려워지는 취업 환경에서 20대를 몹시 힘들게 보내고 있다. 대학만 졸업하면 취업이 가능했던 과거와 달리 지금의 청년층들은 그 이상의 스펙을 만들거나 아니면 신입사원인데도 경력을 쌓아야 한다.

여기서 20대들이 주의할 점이 한 가지가 있다. 바로 자신의 적성과 끼를 고려하지 않고 무조건 취업만을 목적으로 직업을 선택하는 것이다. 그렇게 되면 30대에 뜻하지 않은 방황의 시기를 겪을 수 있다. 20대는 자신의 적성과 역량을 정확하게 파악하면서 취업난을 극복할 수 있는 이력서를 작성하는 것이 좋다.

30대는 경험과 습득의 시간으로 본격적인 인생 경험이 시작되는 연령대이다. 20대와 달리 조금은 책임 있는 결정들이 필요하다. 예를 들어 결혼, 진로, 직업 등 앞으로 맞이할 40대의 인생 정착기를 위한 도움닫기 시점이다. 특히 30대에는 인간관계로 인한 스트레스도 많이 경험하게 된다. 따라서 현실적인 사항뿐 아니라 가족과 직장 내에서 자신에게 영향을 미칠 수 있는 인간관계에 대해 다룰 필요가 있다.

40대는 경제적 빈곤을 가장 많이 느끼는 나이다. 가정에 대한 책임감, 자녀들의 성장, 자신의 노후까지 돈으로 해결해야 할 것들이 가장 많은 시기다. 이상을 꿈꾸지만 현실에서 해결할 것들이 많기 때문에 자신의 꿈을 희생하면서 정착하는 시기이기도 하다. 20대와 30대에는 시행착오를 겪더라도 다시 일어설 수 있는 기회가 많다. 시간도 충분하고 정신과 체력적으로도 여유가 있다. 하지만 40대는 시행착오를 겪기에는 현실적으로 책임져야 할 것들이 너무 많다. 사회생활의 정점에 이른 만큼 더 올라가기보다는 내려갈 가능성도 더 크다. 따라서 40대는 변화에 대한 정확하고 단호한 결정을 할 필요가 있다.

50대는 은퇴를 준비해야 하는 시기다. 20대에 첫 취업을 고민했다면 50대에는 재취업을 준비해야 하는 시기다. 과거에는 50대를 노후의 시작 단계로 여겼지만 지금의 50대는 인생의 전환점을 맞이하는 시기다. 따라서 50대는 자신만의 업을 찾는 노력도 같이 해야 한다.

각 연령대마다 우리가 풀어야 할 과제들이 있다. 이 과제를 잘 풀어가는 데 인생 이력서가 도움이 된다. 현재의 문제점을 파악하고 미래를 미리 그려볼 수 있기 때문이다.

인생 이력서를 통해 현재를 정확히 파악할 수도 있지만, 미래의 자기 모습을 상상해 보고 미리 계획을 세워볼 수 있다. 말하자면 훌륭한 인생 계획서가 되는 것이다.

지금부터 다음의 기본적인 순서를 따라 나의 현재부터 미래까지 연령대별로 인생 이력서를 작성해 보자.

키워드 작성

연령대별로 키워드를 작성해 보면 현재 자신의 상황을 정확히 알아볼 수 있다. 현재 내가 해결해야 할 당면 과제를 빠르게 작성해 보자. 너무 깊이 생각하지 말고 생각나는 대로 적는 것이 좋다.

키워드를 작성하는 기준은 다음과 같다.

1. 깊이 생각하지 말 것
2. 직관적으로 작성할 것
3. 해결책을 고민하지 말 것
4. 생각은 2분 안에 끝낼 것

① 현재 40대라면 41세부터 49세까지 해결해야 하거나 극복해야 할 것들을 키워드로 적어보자.

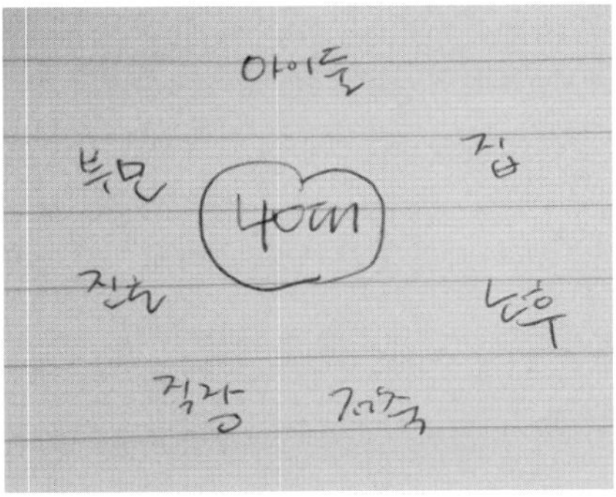

② ①에서 작성한 키워드 중 최대한 빨리 해결해야 할 것부터 순서대로 동그라미 크기를 다르게 표시해 보자. 키워드를 작성하고 순서를 표시하기까지 5분 이상을 넘겨서는 안 된다. 고민하지 말고 빨리 적어야 한다.

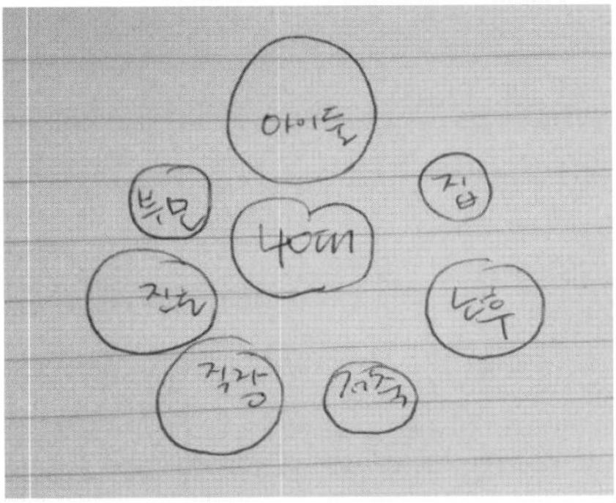

작성한 키워드를 보면서 어떤 생각이 드는가? 40대인 나도 똑같은 방법으로 키워드를 작성해 보았다. 그리고 몇 가지 깨닫는 것이 있었다.

첫째는 항상 걱정하고 고민하는 것들이 막상 적어보니 몇 가지 안 된다는 것이다. 단지 걱정하는 마음이 크다 보니 걱정거리가 굉장히 많은 것처럼 느껴졌을 뿐이다. 그리고 키워드로 마주하고 보니 해결하기 힘든 것들도 아니었다.

둘째는 나 혼자 안고 있는 고민이 아니라 누구나 고민하는 것들이었다. 부모님, 직장, 노후는 40대라면 누구에게나 가장 큰 고민거리일 것이다. 나만 겪는 일이 아니라고 생각하면 조금은 위로가 된다.

이런 생각이 들자 지금 나를 둘러싼 환경이 그리 무겁게 느껴지지 않았다. 큰 고민거리도 아니었고, 걱정거리가 많지도 않았으며, 충분히 해결할 수 있는 일들이었다.

키워드를 작성하는 근본적인 이유는 문제를 단순하게 생각해 보자는 것이다. 복잡하고 어렵게 생각하면 아무리 쉬운 문제도 해결할 수 없다. 단순하고 쉽게 생각하면 아무리 어려운 문제도 쉽게 풀 수 있다. 생각의 차이가 다른 결과를 도출할 수 있다는 것이다.

현재에 대한 키워드 작성이 끝났다면 같은 방법으로 다음 연령대, 즉 미래에 대한 키워드를 작성해 본다. 40대라면 50대의 키워드를 작성하는 것이다.

50대까지 키워드를 작성하고 나서 두 연령대를 한번 비교해 보자. 40대와 50대가 확연히 다르다는 것을 느낄 수 있을 것이다. 갑자기 조급한 마음이 생길 수도 있다. 하지만 절대 조급하게 생각할 필요 없다. 지금 당장 미래가 닥치지는 않으니 차분히 준비하면 된다. 늦지 않았다는 사실을 기억하자.

30대에 40대를 생각하면 자신은 물론 주변 환경도 완전히 바뀌어 있을 것 같다. 하지만 막상 40대가 되면 39세였던 어제와 40대의 오늘이 별반 다르지 않다는 것을 느낀다. 인생은 연령대마다 급격히 변화하는 것이 아니라 자연스럽게 연결된다. 따라서 지금 시작하는 자세가 중요하다.

이력서 작성

87쪽 이력서는 흔히 볼 수 있는 기본적인 이력서 양식이다. 자신의 인적 사항, 학력 사항, 경력 사항, 자격 및 면허, 취미 및

40대(현재) 이력서

인적사항

성명	(한글) 워 킹 맘	주민등록 번호	40대			40대의 추구하는 이미지
	(한자)	국가보훈 대상여부	1. 대상 2. 비대상	전화		
주소				비상 도움 연락처 (핸드폰)		
입사 구분	신입( ) 경력(*)		e-mail			

학력사항

기 간			학교명	단과대학명	학과명	소재지	졸업여부	평점

경력사항

구분	기간			근무기간	직장명/담당업무/직급
직장					
직장					

자격증 및 IT능력

자격증		IT능력	
	운전면허 2종 보통		MS OFFICE(상, 중, 하)

외국어

외국어명	Test명		점수

신체조건

신장		체중	
	cm		kg

특기 사항을 적는 것이다. 지금까지는 취업을 위해 남들에게 보여주기 위한 이력서를 작성했다. 이번에는 자신이 볼 이력서를 작성해 보자. 현재 자신에 대한 사항들을 있는 그대로 적는다.

특히 경력 사항에서 담당 업무와 취미 및 특기 사항을 꼼꼼히 적어보자. 2가지는 앞으로 업을 결정하는 데 중요한 항목이 된다. 이력서까지 작성했다면 몇 가지 질문에 답해 보고 다음 단계로 넘어가자. 다음 질문에 O, X로 대답한다.

① 현재의 업을 계속한다. (　)

② 현재의 업에서 직장을 변경한다. (　)

③ 현재의 업에서 다른 업으로 변경한다. (　)

④ 창업을 한다. (　)

그다음에는 50대를 대비한 가상의 이력서를 작성해 보자. 50대의 이력서를 작성할 때는 40대의 이력서를 기준으로 보완하면 된다. 미래의 모습을 작성하는 것이기 때문에 풍부한 상상을 더하는 것도 좋다.

50대(미래) 이력서

인적사항

성명	(한글) 워 킹 맘	주민등록 번호	40대			50대의 추구하는 이미지
	(한자)	국가보훈 대상여부	1. 대상 2. 비대상	전화		
주소				비상 도움 연락처 (핸드폰)	진로 코칭 및 도움을 줄 사람 을 가입해보자.	
입사 구분	신입( ) 경력(*)		e-mail			

학력사항

기 간	학교명	단과대학명	학과명	소재지	졸업여부	평점
최종 학력에 대해 보완이 필요하다면 학교 진학인지 아니면 자격증이나 기관을 통해 학습을 이어갈지 구체적으로 고민해 볼 필요가 있다.						

경력사항

구분	기간			근무기간	직장명/담당업무/직급
					지금의 일이 나는 즐거운지에 대한 대답을 시작으로 책의 내용을 참조하여 상상과 희망을 섞어서 구체적으로 작성해 보자.
직장					
직장					

자격증 및 IT능력

자격증	운전면허 2종 보통	IT능력	MS OFFICE(상, 중, 하)
	희망하는 업을 위해 필요한 자격 사항을 준비해 보자.		기본적으로 문서 능력을 골고루 습득하는 것이 좋다.

외국어

외국어명	Test명	점수
비즈니스 회화정도는 습득할 필요가 있다.		

신체조건

신장	체중
건강관리를 위한 운동계획을 세워본다.	

자기소개서 작성

자기소개서는 3가지 주제로 단답형이 아닌 서술식으로 작성한다.

	자 기 소 개 서
나의 장점	나는 끈기 하나는 누구에게도 뒤지지 않는다. 한번 잡은 일은 성패와 상관없이 끝까지 해보는 성향이다. 나는 다수의 영업 경험을 통해 영업적 마인드를 갖췄음을 자부한다. 그래서 영업 실적에 따라 감정의 기복이 거의 없다. 나는 ______________________. 나는 ______________________.
나의 단점	
나의 미래 가치	

이제까지 3단계를 통해 자신의 인생 이력서를 작성해 보았다. 다음에는 인생 이력서를 바탕으로 자신만의 업 찾기를 시도해 볼 것이다. 자신의 업을 좀 더 정확하게 찾기 위해서는 인생 이력서를 꼼꼼하고 솔직하게 작성하는 것이 매우 중요하다.

인생 이력서에 오류와 과장이 없는지 다시 한 번 확인한 다음 업 찾기의 단계로 넘어가자.

나의 재능을 재배치하라

야구에는 포수, 투수, 1루수, 2루수, 우익수 등 9개의 포지션이 있다. 서로 다른 9개의 포지션이 자신의 역할을 잘해낼 때 좋은 성과를 거둘 수 있다. 경기에 뛰는 야구 선수들을 자세히 살펴보면 선수마다 특기와 재능이 중복되지 않는다. 또한 잘하는 선수는 자신만의 특화된 기술을 가지고 있다. 물론 투수가 포수를 할 때도 있고 타자가 우익수 역할을 하기도 한다. 하지만 자신이 가장 잘하는 포지션은 단 하나다.

누구나 한 가지 재능은 가지고 있게 마련이다. 하지만 아무리 타고난 재능도 지속적으로 개발하고 발전시키지 않으면 빛을 발하지 못한다. 발휘하지 못한다면 재능이라고 할 수 없다. 가장 안타까운 것은 자신의 재능이 무엇인지조차 모르는 것이다.

자신의 업을 찾기 위해서는 자신이 가지고 있는 재능이 무엇인지를 알아보고 여러 가지 재능들을 수준에 따라 정확히 배치할 줄 알아야 한다. 그래야 자신이 가지고 있는 가장 큰 재능과 끼를 발견할 수 있기 때문이다. 지금부터는 자신의 재능을 발견하고 재배치하는 시간을 가져보자.

나의 재능을 모두 발견하자

우선 내가 잘할 수 있는 것들을 모두 나열해 본다. 아무리 하찮은 재능이라도 빠짐없이 모두 적는다. 어떤 재능인지 한눈에 파악할 수 있도록 최대한 간결하게 작성해야 한다. 어떤 재능을 가지고 있는지 모르겠다면 다음의 기준에 따라 작성해 보자.

* 유년 시절 잘한다고 칭찬받았던 것들
* 학창 시절 잘했던 것들
* 대학 시절 잘했던 것들

* 직장 생활에서 익혔던 기술이나 잘했던 것들

* 자기계발을 통해 익혔던 기술이나 자격들

유년 시절부터 현재까지 자신이 잘했던 것을 작성해 보면 자신도 미처 몰랐던 타고난 재능부터 성인이 되어서 만들어진 후천적인 재능까지 한눈에 볼 수 있다.

자신이 잘하는 것들을 자세히 적어봤다면 다음은 못하는 것들도 작성해 보자. 작성 기준은 다음과 같다.

* 유년 시절 절대 할 수 없었던 것들

* 학창 시절 잘하지 못해 힘들었던 것들

* 대학 시절 잘하지 못해 힘들었던 것들

* 직장 생활에서 노력해도 되지 않았던 것들

* 자기계발 중 실패했던 것들

잘하는 것들을 작성하는 것보다 못하는 것들을 작성하기가 조금 더 쉬울지 모른다. 왜냐하면 못하는 것들에 대한 실패 경험과 아쉬움이 더 오래 기억에 남기 때문이다. 앞에서 사례로 들었던 A씨는 쇼호스트가 되기 위해 아무리 열심히 노력해도 방송 출연을 하지 못했다. 노력한 것에 비해 성과가 좋지 않을 때는 자신이 잘하는 것과 못하는 것을 작성해 보면 자신의 업에 대해 객관적인 판단을 하는 데 도움이 될 것이다.

수정하고 삭제하라

잘하는 것과 못하는 것을 정리해서 보면 표현만 다를 뿐 같은 것들이 있을 것이다. 중복되는 것들은 하나만 적어서 가짓수를 줄인다. 그리고 기준에 적합하지 않은 내용은 과감히 삭제할 필요도 있다.

우선순위를 정하라

잘하는 것들을 가지고 우선순위를 정해 본다. 가장 잘하는 것부터 순서를 매겨보는 것이다. 우선순위를 정해 보면 1순위의 재능을 보완할 수 있는 것이 2순위 또는 3순위 재능이라는 것을 알게 된다. 자신의 재능들이 각각 따로 움직이는 것이 아니라 각자 역할이 있는 것이다.

야구 경기에서 승리하기 위해서는 투수만 잘하거나 타자만 잘해서는 안 된다. 9개의 포지션들이 각자의 역할을 잘해야 승리할 수 있다. 재능도 각 포지션과 같다. 각각의 재능들이 서로 뒷받침되어야 자신이 이루고자 하는 목표에 도달할 수 있다.

보완하라

자신이 못하는 것들에 대한 보완점을 찾아보자. 자신이 못하는 것들은 버리는 것이 아니라 잘할 수 있는 방법을 찾아보는 것이다. 보완점을 찾을 수 없을 때는 과감히 삭제하자. 잘하는 것들도 많은데 못하는 것들에 매달려서 시간 낭비를 할 필요는 없다. 자신이 생각하기에 도저히 보완할 수 없는 것들에 대해서는 더 이상 미련을 갖지 말자.

지금까지 자신의 재능을 재배치해 보았다. 자신이 가장 잘하는 것들이 무엇인지, 못하는 것들은 어떻게 잘할 수 있는지도 파악했을 것이다. 이는 앞으로 업을 찾는 데 밑바탕이 될 것이다.

목표는 1인 기업이다

직장인들이 가장 많이 하는 말 중에 하나가 '눈치 안 보고 내 사업을 하고 싶다'는 것이다. 하루 24시간 중 적어도 9시간 이상 직장에 매달려 있는 사람들이 가장 바라는 것 중 하나가 바로 조직 생활에서 벗어나 개인 공간에서 하고 싶은 일을 하는 것이다.

나도 마찬가지였다. 회사에 다니면서 내 공간에서 하고 싶은 일을 마음껏 하면 좋겠다는 생각을 가장 많이 했다. 회사에서는 시간과 공간, 그리고 하는 일에 제한이 있기 때문이다. 하지만 모든 직장인들이 가장 원하는 것인데도 대부분의 직장인들이 현실로 옮기지 못한다. 왜냐하면 실패하지 않고 성공할 수 있는 아이템을 찾기가 어렵기 때문이다.

어느 날 매일 가는 헬스장에서 일대일 개인 PT를 할 사람을 모집하는 포스터를 보고 실패하지 않고 성공할 수 있는, 그리고 미래를 준비할 수 있는 아이템을 발견했다. 그것은 바로 1인 기업, 즉 나 자신을 브랜드화하는 것이다. 가장 빠르고 확실한 방법이다.

요즘은 자기 PR 시대, 즉 퍼스널 브랜딩 시대다. 개인이 자신을 홍보하고 자신의 몸값을 올리는 것이다. 묵묵히 일하는 것만이 최선이 아니다. 이처럼 변화된 환경에 적응하고 실패를 최소화할 수 있는 방법은 내가 가지고 있는 재능을 발전시키고 브랜드화하는 것이다.

나를 브랜드화하다

홍보 관련 일을 하고 있는 B씨는 매일매일 불만스러운 마음으로 회사에 다녔다. 그녀는 늘 '내가 하는 일은 비전이 없어', '상사는 왜 나를 인정해 주지 않는 거지?'라고 생각했다. 이런 마음이 커지니 일에 대한 열정도 없고 자기가 하는 일이 도무지 즐겁지 않았다. 그녀의 머릿속은 퇴사 또는 이직에 대한 생각으로 가득했다.

회사에서도 이런 그녀를 좋게 평가할 리 없었다. 상사에게 피드백을 받을 때마다 그녀는 괜한 트집을 잡는다거나 자신에 대한 선입견을 가지고 있다고 생각했다. 자신에게 문제가 있다고 생각하지 못했기 때문에 자신의 행동을 개선하기보다 주변 사람들과 환경을 탓했다. 사람들은 늘 불만으로 가득한 그녀가 회사에 오래 다니지 못할 거라고 확신했다.

그런 그녀에게 중요한 프로젝트를 맡길 리가 없었다. 성과를 낼 만한 일을 할 수가 없으니 좋은 평가를 받을 수가 없었고, 승진에서 번번이 누락되었다. 그녀의 상황은 그야말로 악순환의 연속이었다. 하지만 그녀 자신이 변하지 않는 한 어쩔 수 없는 일이었다.

그러던 어느 날 그녀의 회사에서 강의 요청이 들어와 오랜만에 그녀를 만났다. 그런데 예전의 어두웠던 모습은 온데간데없고 자신감에 찬 밝은 모습이었다. 그녀의 변화된 모습에 너무 놀란 나머지 인사하는 것도 잊어버릴 정도였다.

나는 놀라움이 가득한 어조로 말했다.

"외모도 많이 변한 것 같고, 뭔가 굉장히 밝아진 느낌이 들어요. 무슨 좋은 일이라도 있었어요?"

그녀의 표정을 보니 변화의 계기가 있었던 듯했다.

"이런저런 일들이 많았어요. 요즘 학교 다니면서 방송언론 관련 공부를 하고 있어요."

"오, 그래요. 좋은 일이네요."

"예전에 강사님을 뵈었을 때는 심한 슬럼프에 빠져 있었죠. 다행히 잘 극복해서 회사도 계속 다니고 안정도 찾게 되었어요."

"그래요. 그때는 조금 어두워 보이기는 했어요. 사실 말을 붙이기도 좀 어려웠죠. 지금은 얼굴이 많이 환해져서 너무 좋아 보이네요."

"네. 저도 참 힘든 시간이었어요. 하지만 극복하고 나니 지금은 기억도 잘 안 나요."

우리는 2시간 정도 회의를 마치고 바로 점심 식사를 하러 갔다. 그리고 식사를 하면서 그동안 그녀에게 무슨 일이 있었는지 이야기를 들을 수 있었다.

"12년 동안 이 일을 하다 보니 업무적으로는 못하는 것이 없었어요. 하지만 같은 일을 오래 하다 보니 일 욕심도 없고 열정도 생기지 않았죠. 그리고 무엇보다 새롭게 도전하거나 변화하기보다 안전하게 가려고만 하다 보니 발전이 없더라고요."

그녀의 말에 무척 공감이 되었다. 그녀뿐 아니라 누구라도 같은 일을 오랫동안 하다 보면 슬럼프에 빠지게 마련이다. 그런데 다음 이야기는 단순한 슬럼프 극복기가 아니었다. 그보다 더 흥미진진한 내용이었다.

"그런 상태로 회사에 다니기에는 내 청춘과 시간이 너무 아깝다는 생각이 들었어요. 저도 나름대로 자부심이 있었고, 일에 대한 열정으로 인정받기도 했는데 말이에요. 무기력한 이미지만 남기고 퇴사하기도 싫었어요. 이 상태로 퇴사하면 다시 취업하기도 어렵겠다는 생각에 두려움이 밀려왔죠. 그래서 이것저것 배울 수 있는 것이 무엇인지 찾아보았어요. 늘 하는 회사일도 조금 다르게 해볼 수 있는 방법이 없을까 생각해 보기도 했고요. 다시 열심히 일하게 되었죠.

그러던 어느 날 야근을 하고 있는데 상사가 지나가는 말로 이렇게 말하는 거예요. '회사 하나 차려도 되겠어. 요즘 열심히 하네. 결과물도 좋고.' 저는 곧바로 '제가 무슨요. 저는 사업가 체질은 아니에요'라고 말했어요.

그런데 그 순간 '몸값을 좀 키워볼까?'라는 생각이 드는 거예요. 누구도 나의 재능을 범접할 수 없는 나만의 영역을 만들고 싶었어요. 그래서 인터넷도 검색해 보고 관련 책도 읽어보니 '1인 기업'이라는 단어가 눈에 들어왔어요. 제가 생각하기에 강사님도 1인 기업이나 마찬가지 아닌가요?"

잔뜩 흥분하면서 말하는 그녀의 모습에 나도 덩달아 흥분되었다. 그녀가 자기의 길을 잘 찾아간 것 같아 너무 기뻤다.

"제가 남들보다 잘하는 것이 무엇인지 생각해 봤어요. 좋아하는 것이 무엇인지도 생각해 봤고요. 저는 언론 홍보 쪽 일이 맞는 것 같더라고요. 그런데 다행히 지금 하고 있는 분야도 홍보 쪽이었어요. 언론에 대한 공부를 좀 더 하면 될 것 같아서 지금 새롭게 도전하고 있어요. 마음이 바뀌니 외모도 바뀌게 되었죠. 이렇게 하나씩 바꿔나가다 보니 회사 일도 재미있고 조금씩 인정받게 되었어요. 지금은 시작하는 단계이지만 너무 좋아요."

그녀의 호탕한 웃음소리에 나까지 힘이 날 정도였다. 아직은 시작 단계이지만 결과와 상관없이 그녀가 선택한 도전은 어느 순간 긍정적인 효과를 가져다줄 것이다.

재능이 직업이다

누구나 '1인 기업'으로 성장할 수 있는 것은 아니다. 하지만 시대가 바뀌고 환경이 바뀌었다. 이제는 조건이 좋은 직업을 선택하기보다 좋은 조건을 선택할 수 있는 자신의 재능을 업그레이드하는 것이 먼저다.

저성장과 불황의 시기에는 회사를 다니고 있다 하더라도 불안정할 수밖에 없다. 그런 상황에서 새로운 도전을 하기는 어렵다. 그런 생각을 할 마음의 여유조차 없는 것도 사실이다. 그렇다고 아무것도 하지 않고 현실에 안주한다면 미래는 더욱 불확실할 뿐이다. 미래가 불안할수록 도전해야 한다.

도전이란 바로 현재 자신이 가지고 있는 재능을 발견하고 그것을 업그레이드하는 것이다. 예를 들어 백화점이나 마트에 가면 신상품이나 인기 상품들은 눈에 가장 잘 띄는 곳에 진열되어 있다. 그런데 인기 상품이나 신상품을 보면 완전히 새로운 제품이 아니다. 단지 기존 상품에서 변형하거나 업그레이드한 것들이 대부분이다.

초코과자 속에 쫀득한 마시멜로를 넣은 초코파이는 오랫동안 사랑받아 왔다. 하지만 웰빙을 추구하는 경향으로 소비자들의 기호가 바뀌면서 마시멜로를 고구마로 바꿔 새로운 입맛을 자극했다. 지금처럼 경기가 좋지 않을 때는 이전까지 전혀 없던 새로운 상품을 개발하는 것보다 기존의 소비자들을 그대로 유지하면서 새로운 소비자들을 확보할 수 있는 방법을 강구하는 것이 현명하다.

우리는 현재를 벗어나 새로운 것에 도전하고자 할 때 무조건 기존의 것을 버리려고 한다. 완전히 다른 것을 찾아야 한다고 생각하는 것이다. 하지만 기존의 것을 업그레이드해서 새로운 것을 만들어낼 수도 있다. 새로운 재능을 개발하기보다는 지금 가지고 있는 재능을 한 단계 더 발전시킨다면 '1인 기업'으로서 더 탄탄하게 나아갈 수 있다.

지금은 자신의 영역을 확실하게 만들어야 하는 시대다. 기대수명이 점점 늘어나고 초혼과 초산이 늦어지면서 첫 직장이 마지막 직장이 될 수가 없다. 그보다는 자신이 가지고 있는 재능이 곧 직업이 되는 시대다.

현재 자신의 자리가 불안하고 힘들다면 자신의 재능이 얼마나 독립적이고 확실한지, 자신이 그것을 얼마나 좋아하고 즐기는지 확인해 볼 필요가 있다.

'1인 기업'은 독립적인 생각에서 시작된다.

'직'이 아닌 '업'을 찾아라

청년층의 취업은 갈수록 어려워지고 있다. 정보화 시대를 지나 인공지능 시대로 변화하면서 과거 산업사회 때부터 존재했던 직업들이 계속 사라지는 추세다. 20대와 30대의 청년 실업률이 점점 늘어나고 경제적 부담으로 인해 혼인률도 지속적으로 떨어지고 있다. 예전에는 처음 들어간 회사에 20년에서 길게는 30년까지 다니는 경우도 적지 않았다. 스스로 퇴사하지 않는 한 계속 다닐 수 있었다. 하지만 지금은 한 직장에 그토록 오래 다닐 수가 없다.

기술의 발달로 생활이 편리해진 반면 사람이 하는 일을 기계가 대신하면서 안정적이라고 여겼던 직업이 하나둘 사라지고 있다. 다가올 4차 산업혁명 시대는 곧 직업 감소의 시대라고 할 수 있다. 기업 환경은 빠르게 변화하고 있다. 우리는 시대의 변화를 받아들이고 미래 직업의 구조를 파악하여 미리 준비할 필요가 있다.

그렇다면 미래를 위해 어떤 준비를 해야 할까? 미래를 위한 준비의 핵심은 무엇일까?

'직'을 찾지 말고 '업'을 찾기 위한 노력을 해야 한다. 직장이 아닌 자신에게 맞는 업을 찾는 데 집중해야 한다는 것이다.

여기서 말하는 자신만의 업은 무엇일까? 다음 기준에 부합한다면 적어도 60퍼센트 이상 자신에게 맞는 업이다. 나머지 40퍼센트는 후천적인 노력으로 채워나가야 한다. 사실상 40퍼센트의 후천적인 노력이 더 중요하다.

> 나에게 맞는 업의 기준 알아보기
> 1) 현재 자신이 생각하는 업이 즐거운 일인가?
> 2) 현재 수익보다 높지는 않지만 어느 정도 금전적 보상이 가능한가?
> 3) 미래 가치를 개발할 수 있는 일인가?

자신이 생각하는 업이 위의 3가지 기준에 맞는다면 구체적인 계획을 세워보는 것이 좋다.

잘하는 일, 즐거운 일

영업사원인 C씨는 영업 실적이 꽤 좋은 고액 연봉자다. 게다가 인간관계 또한 매우 좋아 주변에서 소개해 주는 사람이 굉장히 많았다. 회사에서도 그녀의 실력을 인정해 주어 영업관리자로 적합하다고 생각했다.

그런데 뜻밖의 일이 생겼다. 그녀는 영업을 시작한 지 3년째 되던 해에 갑자기 퇴사 의사를 밝혔다. 회사에서 누구보다 인정받고 잘나가던 그녀의 퇴사 소식은 많은 사람들에게 의구심을 자아냈다. 그녀가 더 좋은 조건으로 경쟁사의 스카우트 제안을 받은 것은 아닌지, 돈을 많이 벌어서 자기 사업을 하려는 것은 아닌지, 온갖 소문들이 떠돌았다.

그녀의 팀장은 단도직입적으로 그녀에게 퇴사하려는 이유를 물었다. 그런데 그녀의 퇴사 이유가 사람들을 더욱 당황하게 만들었다.

그녀는 영업 일을 그만두고 필라테스 강사가 될 것이라고 했다. 지금까지 해온 일과는 아무런 연관이 없는 직업이었다. 팀장은 그녀의 대답에 어떤 말도 할 수 없었다. 그녀가 매일 밤 취미로 필라테스를 한다는 것은 알고 있었다. 하지만 뜬금없이 업으로 삼을 줄은 몰랐다. 팀장은 일단 시간이 있으니 마지막 날까지 신중히 생각해 보라고 말했다. 나는 그녀가 퇴사하기 일주일 전쯤에 그 소식을 들었다. 너무 놀란 나는 곧바로 그녀에게 전화를 걸었다.

"어떻게 된 거야? 미리 준비하고 있었어?"

"다들 너무 놀라니 내가 더 당황스럽네. 처음에는 그저 취미로 했는데, 하다 보니 욕심이 생겨서 자격증까지 따게 됐어. 그런데 너무 재미있어서 한번 본격적으로 시작해 보려고."

"그래도 너무 의외잖아. 기존에 하던 일과도 아무런 관련이 없고 말이야. 회사에서 인정도 받고 돈도 잘 버니까 영업하다가 관리자로 나갈 줄 알았지."

"다들 그렇게 생각했겠지. 하지만 나는 영업하는 동안 너무 힘들었어. 경제적인 문제로 악착같이 영업을 하기는 했지만 말이야. 그래서 이제는 다른 일을 좀 해보려고. 그동안 이것저것 찾아봤는데 나한테 맞는 일이 없었어. 그런데 이 일은 너무 재미있는 거야. 영업할 때는 시간이 너무 안 가서 지루했는데 이 일은 아무리 오래 해도 시간이 아깝지 않았어. 그래서 심각하게 고민해 봤지. 영업이랑 비교할 수 없을 만큼 즐거운 일이야. 내가 즐기면서 할 수 있는 일을 찾은 거지. 나중에 어떻게 될지는 모르겠지만 재미있는 일을 찾았으니 일단 한번 해볼 거야."

"그랬구나. 그렇게 고민하는 줄 전혀 몰랐네. 힘들었겠다. 어쩐지 다른 때와 달리 목소리가 밝더라니. 아무튼 잘된 일이야. 응원할게."

그녀와 통화를 하고 나는 한참 동안 기분이 좋았다. 그녀의 밝고 들뜬 목소리를 들으니 나 또한 즐거웠다. 그리고 다른 한편으로는 그녀의 용기가 너무 부러웠다.

업을 통한 미래 설계

그녀가 선택한 일을 시작하고 1년 동안 나는 잘되고 있는지 후회하지는 않는지 전혀 묻지 않았다. 혹시나 잘되지 않는다거나 후회하고 있을지도 모른다고 생각했기 때문이다. 하지만 그녀는 걱정과 달리 매우 잘하고 있었다.

그녀는 필라테스 강사를 시작으로 지도자가 되어 강의까지 하고 있었다. 자신의 분야를 더욱 넓혀나간 것이다. 그리고 연령대별로 할 수 있는 건강 체조를 개발해서 자신만의 영역을 구축했다.

그녀는 영업을 할 때와 다른 자신감과 즐거움으로 새로운 도전을 했다. 그리고 자신의 업을 노후까지 할 수 있도록 다양한 사업을 구상하고 있었다. 결국 그녀는 재미있는 일에서 자신의 평생 업을 찾은 것이다.

그녀가 '직'을 위해 계속 참고 영업을 했다면 지금의 기쁨을 절대 누릴 수 없었을 것이다. '직'은 나이가 들면 변화할 수밖에 없지만 '업'은 나이가 들어서도 계속 지탱할 수 있는 뿌리와 같다. 그녀가 필라테스 강사를 선택했을 때 많은 사람들이 나이 들어서는 할 수 없는 일이라며 걱정했다. 하지만 그녀는 자신이 즐겁게 할 수 있는 일을 평생의 업으로 만들어나갔다.

불안한 미래에 대비하는 방법은 안정적인 '직'을 찾기보다 자신에게 맞는 '업'을 찾는 것이다. 그것이 바로 가장 안정적인 직장이고 자신과 가족을 지킬 수 있는 가장 든든한 미래 설계이다.

트렌드에 민감하라

2018년 한 해 동안 우리가 열광했던 상품들은 어떤 것일까? 대한민국 10대 트렌드 상품을 과연 우리는 몇 개나 꼽을 수 있을까? 아래의 빈칸을 한번 채워보자.

| 대한민국 10대 트렌드 상품 |

가정식 대체상품				방탄소년단
	AI 스피커		펫 관련 용품 및 서비스	

모두 채웠든 채우지 못했든 5분 이상 고민했다면 펜을 놓고 답을 확인해 보자.

가정식 대체상품	관찰 예능	굿즈	근거리 단기여행	방탄소년단
배틀로얄 장르 게임	AI 스피커	키오스크 kiosk	펫 관련 용품 및 서비스	홈 뷰티

한 해 동안 수많은 사람들이 열광한 제품 중에 10가지를 꼽는 일은 생각처럼 쉽지 않다. 머릿속을 맴도는 듯하지만 막상 이거다 싶은 것이 떠오르지는 않는다. 하나도 맞히지 못한 사람들도 있을 것이다.

나 또한 적어도 5개 이상은 맞힐 거라고 자신했지만 답을 확인해 보니 2개밖에 맞히지 못했다. 너무 적게 맞혀서 당황스럽기도 했다. 하지만 답을 확인하면서 '아, 이거', '그래 맞아, 이거였지' 하는 말을 연신 내뱉었다. 그런데 몇 가지는 '이게 트렌드였어' 하며 새삼 알게 된 것도 있었다.

정답을 확인하고는 문득 내가 트렌드에 너무 뒤처져 있다는 생각이 들었다. 많은 사람들 앞에서 강의를 하면서 보통 사람들보다 트렌드에 앞서 나간다고 생각했는데 말이다.

일상이 트렌드가 되다

단지 10가지의 트렌드 상품을 맞히지 못했다고 해서 트렌드에 둔감하다고는 할 수 없다. 하지만 빠르게 변화하는 미래를 대비하기 위해서는 트렌드에 민감할 필요가 있다.

특히 우리가 지금 하고 있는 업 찾기에서도 사람들이 열광하는 트렌드를 파악하면 미래 지향적인 업을 선택하는 데 도움이 된다. 예전에는 커피 한 잔 값을 아껴서 저축하는 것이 옳다고 생각했다. 하지만 지금은 커피 한 잔 값을 지불하고 그만큼의 여유를 갖는 것을 더 선호한다.

요즘 사람들은 개인의 삶에 더 큰 가치를 둔다. 그에 따라 사고방식과 생활방식, 더 나아가 문화 트렌드가 바뀌었다. 이런 트렌드 변화는 TV 프로그램을 보면 더 쉽게 알 수 있다. 과거에는 정보와 재미를 주는 프로그램이 사람들에게 많은 인기가 끌었다. 하지만 지금은 출연자의 영상을 보면서 방송의 패널들이 해석을 더하면서 공감을 만들어내는 '액자형 관찰 예능'이 증가하고 있다.

그 대표적인 프로그램이 <나 혼자 산다>, <미운 오리 새끼>, <전지적 참견 시점>이다. 일반인을 대상으로 남녀의 감정을 생생하게 보여주면서 출연자와 공감하고 감정의 대리만족을 주는 <하트 시그널>도 그런 맥락의 프로그램이다. 이렇듯 2018년에는 일방적으로 전달하는 것이 아닌 출연자와 공감하는 프로그램들이 사랑을 받았다.

이처럼 트렌드는 거창하고 어려운 것이 아니다. 우리의 일상에서 얼마든지 찾을 수 있다. 사실 알고 보면 트렌드는 지극히 평범한 것인지도 모른다. 생각을 조금만 바꾼다면 누구나 트렌드에 앞서 나가는 사람이 될 수 있다.

트렌드의 지속성

한 가지 유의할 점은 트렌드를 아는 것이 미래를 예측하는 일은 아니라는 것이다. 트렌드는 사람들이 열광하는 것들에 대한 이유를 알아내어 지속적으로 개발하는 것이다. 유행처럼 단기적으로 붐을 일으켜 수익을 내는 것이 아니라 장기적이며 지속적인 것을 말한다.

대표적인 트렌드로 '욜로 라이프(YOLO life)'를 들 수 있다. '욜로 라이프'는 개인 생활에 집중하고 즐기는 삶의 방식을 말한다. 지금은 '욜로 라이프' 시대다. 이런 트렌드에 맞춰 여행이나 취미

활동과 관련된 사업이 지속적으로 개발되고 있다.

현재의 트렌드를 파악하면 장기적으로 지속 가능한 것을 개발할 수 있다. 미래를 위한 준비에서 트렌드는 절대 무시할 수 없는 부분이다. 현재의 트렌드를 민감하게 인지한다면 미래에 발맞춰 나갈 수 있을 것이다.

플랜 B를 준비하라

1차, 2차, 3차 산업혁명에 이어 4차 산업혁명을 맞이하고 있다. 산업혁명 시기마다 사라지는 일자리가 있는 반면 새로운 일자리가 창출되었다. 이제 곧 맞이하게 될 4차 산업혁명은 우리의 생활 전반에 직접적인 영향을 끼치게 될 것이다. 따라서 평생의 업은 단순히 나에게 맞는 업이 아니라 앞으로 다가올 변화의 시대에 맞춰 나갈 수 있는 업으로 선택하는 것이 매우 중요하다.

나에게 맞는 업을 찾았다고 해서 무조건 용기를 내서 도전한다면 많은 어려움을 겪게 된다. 자칫 실패로 끝난다면 미래의 안정을 위해 선택한 것이 오히려 불안정한 삶을 초래할 수 있다. 따라서 좀 더 안정적으로 미래에 적응하고 도전할 수 있는 업을 찾아야 한다.

톱니바퀴식 업 전환

영업 관리자로 일하고 있는 A씨는 외모에 대한 관심이 굉장히 많았다. 특히 그녀는 손톱에 신경을 많이 썼다. 그녀의 외모 중에서 가장 화려한 부분도 손톱이었다. 주위 사람들은 그녀의 다양한 네일아트에 감탄했다. 그보다 더 놀라운 것은 그 화려한 네일아트가 그녀의 작품이라는 것이었다.

그녀는 네일아트를 전문적으로 배우지 않았는데도 전문가 못지않은 실력을 가지고 있었다. 그녀에게 네일아트를 부탁하는 사람들도 많았다. 그녀는 네일아트를 진심으로 좋아하고 그 일을 매우 즐겁게 하고 있었다. 결국 그녀는 전문적으로 배우기 위해 회사 근처 학원에 수강을 신청했다.

그녀는 순조롭게 자격증을 취득했다. 이제 그녀는 배운 것을 현장에서 활용해 보고 싶었다. 그녀는 주말에 부업으로 네일아트를 시작했다. 주 5일은 영업 관리자로 일하고, 2일은 네일아트를 했다. 일주일 동안 하루도 쉬지 않고 일했던 것이다. 하지만 그녀는 자신이 좋아하고 즐거워하는 일을 하면서 피곤함도 잊었다. 그리고 부업을 하면서 수입도 더 늘어났다.

실전 경험에 금전적 여유까지 얻게 되니 그녀의 피곤함은 즐거운 비명이 될 수밖에 없었다. 그녀의 최종 목표는 부업이었던 네일아트를 주업으로 바꾸는 것이었다.

그녀는 네일아트에 대한 경험이 어느 정도 쌓이고 돈이 모이면 자신만의 작업 공간을 만들고 싶었다. 그녀는 자신에게 맞는 업, 자신이 즐겁게 할 수 있는 업, 그리고 안정된 업 전환을 모두 이뤄냈다. 자신만의 작업 공간이라는 최종 목표가 언제 이루어질지는 알 수 없다. 다만 그녀는 이 모든 과정을 즐겁게 하고 있었다.

A씨는 가장 이상적인 업 찾기의 사례를 보여준다. 그녀는 안정적으로 업을 전환했을 뿐만 아니라 리스크를 최소화했다. 최상의 시나리오를 만들어낸 것이다.

그녀가 이상적인 과정을 통해 업 찾기에 성공한 것은 결코 계획에 의한 것이 아니다. 그저 그녀의 선택이 옳은 방향으로 나아간 것이다.

재미와 수익 사이

일반 사무 일을 하고 있는 B씨는 요리하는 것을 매우 좋아한다. 그래서 수시로 지인들을 불러서 자신이 직접 만든 요리를 대접했다. 나도 몇 번 그녀의 초대를 받은 적이 있다. 그녀의 요리는 맛도 있었지만 예쁘기도 해서 이 정도면 음식점을 차려도 손색없겠다는 생각이 들었다.

한동안 그녀와 연락이 뜸하다가 6개월쯤 지난 어느 날 그녀에게 문자 한 통이 왔다. 그녀가 브런치 카페를 열었다는 것이었다. 갑작스러운 개업 소식에 놀란 나는 곧바로 그녀에게 전화를 걸었다.

"생각은 늘 하고 있었는데 막상 시작할 용기가 나지 않았어요. 그러다 이번에 대출을 조금 받아서 도전해 보게 되었어요."

"요리하는 것을 좋아하니 일하는 것도 재미있겠다. 반드시 성공할 거야."

나는 개업식 이후에도 몇 번 그녀의 카페에 들렀다. 내가 갈 때마다 카페는 사람들로 가득했다. 그런데 개업한 지 1년도 되지 않아 폐업한다는 소식이 들렸다.

그녀가 요리를 좋아하기는 하지만 수익을 내기에는 부족한

점이 많았다. 카페를 연 이상 매출을 올려야 하는데 말이다. 그녀는 지인들과 대화하면서 천천히 요리를 만들었다. 하지만 집에서 요리하던 속도로는 손님들을 만족시킬 수 없었다. 손님들에게 불만이 나오기 시작하자 점점 요리하는 것 자체도 버겁게 느껴졌다. 그리고 결국 브런치 카페를 접기로 한 것이다.

B씨의 사례는 평소에 취미로 즐겨 하던 일이 직업으로 바뀌는 순간 즐거움이 사라진 경우다. 취미를 직업으로 정착시키지 못한 것이다. 업을 전환할 때는 부업이나 아르바이트를 통해 실전 경험을 해보는 것이 중요하다. 직업으로 했을 때도 나에게 맞는지 확인할 필요가 있다.

업 전환 6단계

무조건 좋아하는 일이라고 해서 선택했다가는 실패할 확률이 높기 때문에 합리적인 업 전환을 위한 프로세스가 필요하다.

성공적인 업 전환을 위한 프로세스에는 어떤 것이 있을까? 다음 프로세스를 통해 그동안 파악하지 못한 기준을 만들어 실행해 보는 것이 훨씬 안정적이다.

단계	프로세스	내 용
1단계	자기 탐색	현재 업에 대한 점검 및 적성 탐색
2단계	흥미 포착	흥미를 가지고 집중할 수 있는 것을 선택
3단계	집중 개발	변경할 업의 자격 조건 완성
4단계	업 선택	1단계+2단계+3단계를 통해 자신에게 맞는 업 선택
5단계	실전 투입	부업을 통한 실무를 접해 보고 일의 내용뿐만 아니라 환경까지 자신에게 맞는지 체크
6단계	전환 결정	변경할 업 선정

무엇을 선택하든 완벽할 수는 없다. 취미로 했을 때 재미있었던 것이 막상 업으로 선택하면 재미없을 수도 있다. 현재 자신의 업이 맞지 않다고 생각했다가 업 전환을 위한 프로세스를 통해 자신에게 맞다는 것을 뒤늦게 깨닫는 경우도 있다.

모든 일에는 경우의 수가 발생한다. 다양한 경우의 수를 따져봄으로써 리스크를 최소화하면 비교적 안정적으로 업 전환을 할 수 있다. 위의 프로세스는 부업을 통해 자신의 적성을 알아보고 주업으로 전환할 수 있는 현실적인 방법을 제시하고 있다. 경기가 좋지 않고 취업이 어려운 시기에는 무모한 도전으로 인한 실패를 최소화해야 한다.

보상이 따르는 일을 하라

보상이라는 단어에서 가장 먼저 떠올리는 것은 바로 돈이다. 자신의 능력을 인정해 주는 것으로 돈만 한 보상이 없다. 돈은 매우 실질적이며 수치로 환산된 보상이기 때문이다.

그렇다면 금전적 보상만 있다면 자신이 하는 일에 대한 만족도가 높을까? 그렇지는 않다. 사람마다 추구하는 가치가 다르듯이 외적인 보상보다 내적인 보상에 더 만족하는 사람도 있을 것이다.

내적인 보상은 과연 무엇일까? 그것은 바로 심리적으로 느끼는 만족감이다. 여기서 말하는 심리적 만족감은 자신이 하고 있는 일에 대한 보람과 가치를 느끼는 것이다.

보상과 열정의 상관관계

한 회사에서 11년째 일하고 있는 회사원 A씨는 대학교를 졸업하고 지금 다니는 직장에 입사했다. 다른 회사에 다녀본 적도 없고 다른 일을 해보지도 않았다. 직장에 대한 그의 기준은 지금 다니고 있는 회사가 전부였다.

그는 가끔 새로운 일을 해보고 싶기도 했다. 다른 곳에서 경험을 쌓고 싶은 생각도 있었다. 하지만 생각으로 그칠 뿐 한 번도 구체적인 계획을 세워본 적이 없다. 첫사랑과 같은 첫 직장이기에 익숙함과 편안함을 쉽게 놓을 수는 없었던 것이다.

나는 그런 그가 대단하다는 생각을 했다. 한 회사를 이렇게 오래 다닐 수 있다는 것은 자신의 업과 직장에 만족하고 있다는 뜻일 테니 말이다. 그와는 부담스럽지 않고 가볍게 대화를 시작할 수 있었다. 하지만 얼마 지나지 않아 가볍게 시작한 대화는 진지한 분위기로 바뀌었다.

내가 먼저 물었다.

"지금 하고 있는 일이나 회사는 어때요? 재미있게 다니고 있어요?"

"글쎄요. 너무 오래 다녀서 그런지 재미있다거나 좋다는 생각이 들지는 않아요. 그저 로봇처럼 다니고 있는 것 같아요. 눈뜨면 출근하고 몇 시간 지나면 점심 먹고 나서 또 일하고, 그러다 보면 어느새 퇴근 시간이 되죠. 그런 생활을 반복하고 있어요."

내가 예상했던 대답이 아니었다. 나는 그의 입에서 "네, 즐거워요. 이만한 직장이 없죠. 그래서 오래 다니는 거예요"라는 대답이 나올 줄 알았다. 의외의 대답에 조금은 당황스러웠지만 나는 다시 침착하게 대화를 이끌어갔다.

"음, 괜찮은 생활인가요? 내 기준으로 괜찮다, 괜찮지 않다고 말할 수는 없고, 어때요? 자신의 그런 생활에 만족하고 있는지가 중요하죠. 지금의 평범한 생활에 만족한다면 문제없지만 그렇지 않다면 지금 고민하고 있다는 건데, 맞아요?"

"글쎄요. 일단 지금 하고 있는 일이 적성에는 잘 맞는 것 같아요. 그래서 지금의 생활에 만족한다, 만족하지 못한다고 말할 수는 없어요. 단지 편안할 뿐이에요. 일도 너무 익숙하고 공간도 너무 익숙해서 새로운 곳에서 일하기가 좀 두렵기도 하고요."

그는 계속 말을 이었다.

"그런데 요즘 고민되는 것이 있어요. 예를 들어 갓 입사한 후배들을 보면 나 자신이 너무 뒤처져 있다는 생각이 들면서 의기소침해지는 거예요. 예전보다 자신감도 많이 떨어진 것 같고요. 요즘 상사들에게 가장 많이 듣는 말이 '적극적이고 진취적으로 일해 보라'는 거예요. 아니면 열정을 좀 가져보라는 피드백을 많이 받아요. 하지만 저는 그 말이 좀 이해가 안 돼요. 신입 시절에는 아직 일이 서툴러서 인정받지 못하고, 경력이 쌓이면 당연히 할 수 있는 일이라며 인정해 주지 않아요. 업무에 있어서는 실수한 적도 없고 해내지 못한 일도 없는데 자꾸 그런 말을 들으니 너무 오래 다녀서 나가라는 뜻인가 싶기도 하고요."

"그럼 지금의 고민거리가 해결된다면 직장 생활에 어느 정도 만족한다는 건가요?"

"글쎄요. 그건 잘 모르겠어요. 그냥 지금은 재미도 없고 흥미도 없어요. 그렇다 보니 상사들이 바라는 열정적인 모습이 나오지 않는 거예요."

"그런 마음으로 어떻게 회사를 다녀요?"

"돈 때문이죠. 연차가 오래되다 보니 연봉이 높고 보너스도 많아서 그럭저럭 참고 다니는 거예요. 월급이 적었다면 아마 그만뒀을지도 몰라요."

그의 고민은 쉽게 풀리지 않는 것이었다. 업에 대한 고민보다 업을 통한 보상적 가치를 찾는 것이 먼저였기 때문이다.

나는 어떻게 해서든 그에게 도움을 주고 싶었다. 우리는 각자 자신의 생각을 정리하고 다시 만나기로 했다. 자신에게 맞지 않는 업 때문에 고민하는 사람도 있겠지만 A씨처럼 적성에 맞는 업을 가지고는 있으나 업을 통한 보상이 제대로 이루어지지 않아 흥미를 잃는 경우도 있다. 고민을 해결하지 않고 그대로 방치한다면 나중에 크게 후회할 수도 있는 안타까운 사례였다. 자신에게 맞는 업을 찾았는데도 발전시키지 못하고 도태될 수 있기 때문이다.

즐거움과 보상의 균형

일에 대한 보상은 외적인 보상과 내적인 보상으로 나눌 수 있다. 사실상 최고의 보상은 일에 대한 즐거움일 것이다. 그런데 우리는 즐거움이라는 보상 하나만으로는 만족할 수가 없다. 아무리 자신이 좋아하는 일이라도 현실적인 문제와 미래 가치가 포함되어 있지 않으면 자신의 업을 발전시킬 수 없기 때문이다.

지금 자신의 업을 전환하기 위한 계획을 세우고 있다면 2가지를 염두에 두고 추진해야 한다.

첫째, 즐거운 일인지 확인하라.

신중하게 고민해서 결정한 업이라 할지라도 때로는 다시 한번 확인해 봐야 한다.

둘째, 보상에 대한 우선순위를 정하라.

자신이 정한 업에서 외적인 보상을 얻는 것이 먼저인지 아니면 내적인 보상이 먼저인지를 정할 필요가 있다.

적절한 보상은 앞으로 나아가는 원동력이 된다. 무한한 희생 또는 즐거움 하나만으로는 어떠한 일이든 발전시키기 어렵다. 자신의 업을 찾는 것에서 더 나아가 앞으로 어떻게 발전시킬지 계획을 세우는 것도 중요하다.

평생 워라밸을 지키기 위한 10년 계획하기

워라밸이란 일과 삶의 균형(Work and Life Balance)을 뜻하는 말로 이러한 삶을 추구하는 사회적 분위기에서 비롯된 신조어다. 과거에는 직업과 직장을 선택할 때 가장 크게 고려한 것이 연봉이었다. 하지만 지금은 개인적인 삶의 질을 향상할 수 있는 워라밸을 우선순위로 삼고 있다.

2017년 OECD(국제협력개발기구)가 회원국을 대상으로 조사한 워라밸 지수를 보면 한국은 10점 만점에 4.7퍼센트로, 35개 회원국 중 32위였다. 그야말로 워라밸 지수가 세계 최하위권이었다.

OECD의 '2017 고용 동향'에 따르면 2016년 기준 한국 근로자의 1인당 평균 노동 시간은 2069시간으로 OECD 35개국의 평균(1764시간)보다 305시간이 더 많았다. 멕시코에 이어 두 번째로 긴 노동 시간이었다.

이런 결과만 보더라도 한국에서 워라밸을 실현하기가 그리 쉬운 일이 아님을 알 수 있다. 그렇다고 포기한 채 일과 삶의 불균형 속에서 힘들게 살아갈 수는 없다. 워라밸 실현을 위해 하나씩 차근차근 실천해 보는 것이 좋다.

꿈을 좇기, 환상을 좇기

오랫동안 해오던 방송 일을 접고 강사라는 새로운 직업으로 전환한 가장 큰 이유는 내가 고민하고 노력해서 만든 교육 프로그램을 통해 웃기도 하고 때로는 울기도 하면서 감동받는 사람들을 보며 보람을 느꼈기 때문이다.

방송을 할 때는 나를 보는 사람들이 어떤 표정을 짓는지, 지금 내가 설명하고 있는 내용을 잘 이해하고 있는지 확인할 수가 없었다. 하지만 강의는 처음부터 끝까지 사람들과 호흡하며 서로의 이야기를 공유할 수 있다. 사람들과 대화하는 것을 좋아하는 내 성격과 아주 잘 맞았다.

그러던 어느 날 사내 강사로 일하는 후배가 나를 찾아왔다. 그녀는 강사를 지망하는 학생으로 처음 만났다. 당시 그녀는 3년째 건설 회사를 다니고 있었는데, 강사의 꿈을 실현하고자 내가 강의하는 학원에 등록했던 것이다. 그때 나는 '마음을 사로잡는 강의 스킬'이라는 주제로 강사 지망생들을 가르치고 있었다. 그녀는 키가 커서 그런지 다른 교육생에 비해 눈에 띄었다. 게다가 하고자 하는 의욕이 대단해서 무엇이든 도움을 주고 싶었다.

그런 그녀가 벌써 2년 차 기업 사내 강사로 활동하고 있었다. 그런데 강사 일에 누구보다 열정적이었던 그녀가 업 전환을 고민하며 나를 찾아왔다. 나는 어떤 이유로 그토록 좋아하는 강사 일을 그만두려고 하는지 궁금했다.

"도저히 못 하겠어요. 아무리 노력해도 안 되는 건 안 되는 것 같아요."

"갑자기 왜 그래? 무슨 일이 있었던 거야?"

"생각해 보니까 강사라는 직업이 좋았을 때가 학원 다닐 때가 전부였던 것 같아요. 그 이후에는 왜 다니던 회사를 그만두었을까 하는 후회가 계속 들었어요."

얼굴에 상심이 가득하고 너무 힘들어하는 모습을 보면서 우선 그녀의 이야기를 충분히 들어주기로 했다.

“강사라는 일이 강의 프로그램을 개발하고 사람들 앞에서 강의만 하면 되는 것이라고 생각했어요. 그런데 실제로는 매일 책상 줄 맞추고 간식 준비하고 일반 사무가 더 많았어요. 저는 강의를 하고 싶어서 입사했는데 강의보다 다른 일을 더 많이 하는 거예요. 그런 일을 하는 사람을 뽑지 왜 나를 뽑았나 싶어요.”

그녀는 계속 말을 이었다.

“그리고 가장 큰 이유는 매일 야근을 한다는 거예요. 친구들을 만날 수도 없고 주말에는 피곤해서 잠만 자게 돼요. 이런 생활을 반복하다 보니 의욕도 없고 재미도 없고 그냥 그만하고 싶다는 생각뿐이에요.”

이야기를 마치고 그녀는 커피 잔만 계속 만지작거렸다. 내가 어떤 말이라도 해주기를 바라는 듯했다.

“내가 잘 파악했는지는 모르겠는데…….”

나는 확실하게 말해야겠다는 생각으로 조심스럽게 이야기를 꺼냈다.

“혹시 강사에 대한 환상을 가지고 있었던 것 아닐까? 그러니까 겉으로 드러난 모습만 보고 강사가 되고 싶었던 것은 아닌가 말이야. 자기가 하고 싶어 하는 일이 실제 현장에서는 어떻게 진행되는지 모르는 경우가 많아. 겉으로 드러난 모습만 보고 자신이 하고 싶은 꿈이라는 착각에 빠지기도 하거든. 혹시 환상이 꿈이라고 착각한 것은 아닌지 생각해 볼 필요가 있어. 강사에게는 강의 준비가 중요해. 교안 개발도 있지만 강의장 세팅, 교육생들을 위한 다과 준비도 강사가 해야 할 일이라고 생각해. 설령 그런 잡다한 일들이 강사가 해야 할 일이 아니라고 해도 자신의 꿈을 이루는 과정이라면 힘들다고 말할 수는 있어도 일 자체를 포기하겠다는 생각은 하지 않을 텐데."

내 이야기를 잠자코 듣고 있던 그녀는 고개를 끄덕이면서 이렇게 말했다.

"맞아요. 처음에는 텔레비전에 나오는 강사들을 보면서 멋있다는 생각이 들었어요. 그리고 저런 사람이 되려면 어떻게 해야 하는지 알아봤죠. 교육기관도 많고 성공 사례도 많더라고요. 그리고 때마침 회사에 다니기도 싫어서 진지하게 생각해 보지 않았던 것 같아요."

워라벨 10년 계획 4단계

그녀가 나에게 도움을 받으러 왔는데, 내가 오히려 그녀에게 고마웠다. 상황을 빨리 파악하고 자신의 잘못을 곧바로 수긍했기 때문이다. 가끔 어떤 사람은 내 말을 강하게 부정하면서 그럴 수밖에 없었던 이유를 늘어놓으며 오히려 나를 설득하려고 한다. 그런 사람은 아무리 내가 도움을 주고 싶어도 본인이 준비되어 있지 않기 때문에 새로운 변화를 시도할 수 없다.

그녀는 자신의 잘못을 빨리 인정하고 나에게 도움을 청했다. 그래서 나 또한 기분 좋게 그녀를 도와주기로 마음먹었다. 나는 그녀가 새로운 변화를 시도할 수 있도록 현재 그녀의 상황을 정확하게 파악해 보기로 했다.

그리고 파악된 정보를 가지고 4단계를 통해 워라밸 10년 삶의 계획을 세워보기로 했다.

현재 업에 대한 점검 ① → 개인 비전 설정 ② → 비전 실행 전략 세우기 ③ → 성공 시나리오 작성 ④

워라밸 10년 계획 1단계

행복한 일을 하고 있는지 확인해 보라

먼저 현재 하고 있는 일이 자신에게 맞는 업인지 확인해 본다. 하루 24시간 중 적어도 9시간을 회사에서 보낸다. 하루 중 가장 많은 시간을 보내는 공간에서 너무 힘들고 괴롭다면 일과 삶의 균형을 잡기 힘들다. 워라밸을 실현하기 위해서는 가정뿐만 아니라 직장에서도 행복을 느낄 수 있어야 한다. 그러므로 업 전환을 위한 새로운 계획을 세우기 전에 현재 하고 있는 업이 나에게 얼마나 맞는지 그리고 일을 하면서 얼마나 행복한지 점검해 보자. 나는 그녀에게 현재 자신의 업을 객관적으로 판단하기 위해 몇 가지 질문에 답해 보라고 했다.

1. 수입이 전혀 없어도 지금 하고 있는 업을 계속할 것인가?
2. 결과보다 일하는 과정이 더 재미있는가?
3. 업에 대한 미래가 그려지는가?
4. 업에 대한 즐거움이 위기를 극복하는 데 얼마나 기여하는가?

질문에 답해 보면 지금 하고 있는 업이 나에게 어떤 의미가 있고 어떤 즐거움을 주는지 확인할 수 있다. 그리고 워라밸을 위한 계획을 세울 때 중요한 포인트가 된다.

그녀의 답변은 다음과 같다.

1. 수입이 전혀 없어도 지금 하고 있는 업을 계속할 것인가? (계속하기 어려울 것 같다)
2. 결과보다 일하는 과정이 더 재미있는가? (교안을 만들거나 제작하는 것은 즐겁다)
3. 업에 대한 미래가 그려지는가? (잘 그려지지 않는다)
6. 업에 대한 즐거움이 위기를 극복하는 데 얼마나 기여하는가? (크게 기여하지 않는다)

그녀의 답변을 보면 교육 프로그램을 만드는 과정은 좋아하지만 강사라는 직업에 대한 미래가 불투명하여 일에 대한 즐거움을 느끼지 못한다고 판단되었다.

워라밸 10년 계획 2단계

개인 비전을 완성하라

지금부터는 나 자신의 개인 비전을 완성하는 것이 중요하다. 행복한 '업'은 과정이 즐겁다. 그리고 그 과정이 즐거우면 결과도 좋을 수밖에 없다. "여정은 목적지로 향하는 과정이자 그 자체로 보상이다"라고 스티브 잡스는 말했다.

결과보다는 목표를 이뤄나가는 과정에서 더 많은 것을 얻을 수 있다. 올바른 과정을 선택하면 성공적인 결과를 얻을 수 있을 뿐 아니라 위기를 극복하는 데도 도움이 된다.

'평생 워라밸을 지키기 위한 10년 계획하기'는 올바른 과정을 위한 기초라고 할 수 있다. 개인의 비전을 먼저 세우고 중심을 잡기 위한 것이다.

그녀는 자신의 꿈이라고 생각했던 강사 일을 해보고 생각했던 것과는 다른 업무가 많다는 것을 깨달았다. 결국 10년 계획을 세워봄으로써 자신과는 맞지 않다고 판단한 것이다. 이제 그녀는 선택을 해야 한다. 지금 하고 있는 일을 계속할 것인가, 아니면 새로운 일을 찾을 것인가?

그녀는 모든 것을 내려놓고 처음으로 돌아가 자신의 개인 비전을 세워보는 것이 무엇보다 중요했다.

올바른 개인 비전을 만들기 위해 가장 먼저 해야 할 것이 있다. 그것은 나에게 어떤 삶의 가치와 행복을 주는지 살펴보는 것이다. 더불어 내가 어떤 사람인지 객관적으로 파악할 필요가 있다. 나 자신을 알아야 나의 가치관과 내가 추구하는 행복이 어떤 것인지 알 수 있기 때문이다.

그녀는 스스로를 객관적으로 평가해 보지 않았다. 단지 업에 대한 막연한 동경만을 가지고 도전했기에 지금과 같은 오류를 경험하게 된 것이다. 같은 오류를 범하지 않기 위해서는 자신에 대한 객관적인 분석을 통해 개인 비전을 만들어봐야 한다.

그렇다면 개인 비전은 어떻게 만드는 것일까? 개인 비전은 총

3개의 과정을 통해 만든다. 첫 번째는 자신을 객관적으로 바라볼 수 있는 퍼스널 SWOT 분석이다. 퍼스널 SWOT 분석을 통해 자신의 강점과 약점을 파악해 보면 새로운 기회를 찾을 수 있다. 두 번째는 강점과 기회를 통한 성공 사례를 자세히 적어보는 것이다. 마지막 세 번째는 최종적으로 자신의 개인 비전을 만들어보는 것이다.

객관적으로 나를 바라보기 : SWOT 분석

취업 면접을 볼 때 대답하기 가장 난감한 질문이 자신의 강점과 약점이 무엇인지 말해 보라는 것이다. 질문을 받은 대부분의 면접자들은 '대인관계가 원만합니다' 또는 '윗사람을 공경할 줄 압니다' 등의 인성과 관련된 답변을 많이 한다.

인성에 초점을 맞추는 이유는 자신의 강점과 약점이 무엇인지 정확하게 모르기 때문이다. 자신의 강점과 약점을 정확하게 파악하고 있다면 일을 할 때나 인간관계에도 도움이 된다.

SWOT 분석을 통해 자신을 객관적으로 판단해 보고 자신의 강점과 약점을 파악해서 자신만의 개인 비전을 만들어보자.

대부분의 사람들은 자신에 대한 SWOT 분석 결과를 보고 실망한다. 하지만 그 실망은 곧 희망으로 바뀌게 된다. 약점은 있지만 기회가 있고, 위험은 있지만 강점이 있기 때문이다.

그녀 또한 자신의 SWOT 분석 결과를 보는 순간 약간의 실망을 감추지 못했다. 강사를 하기에 좋은 조건을 갖추지 못했다는 생각이 들었던 것이다. 하지만 내가 결과에 대한 설명을 하고 그녀의 비전을 같이 고민하면서 실망이 기대로 바뀌었다.

나는 그녀에게 한 가지를 계속 강조했다. 약점에 집중하기보다 강점에 집중하고, 기회가 보이는 순간 놓치지 않도록 미리 준비하라는 것이었다. 그리고 어떤 위험이 있을지 미리 파악하고 대비하는 것이 중요하다고 설명했다.

처음에는 심각하게 울먹이던 그녀가 조금씩 웃기 시작했다. 그리고 처음 나를 바라보며 자신의 꿈을 이야기했던 그때의 눈빛이 되살아나기 시작했다. 사실 그녀가 SWOT 분석에서 놓친 것이 하나 있었다. 그녀의 가장 큰 강점인 실행력이다.

그녀는 결정을 내린 순간 고민하지 않고 바로 실행하는 행동파였다. 그런 성격이기에 안정적인 직장을 과감하게 그만두고 강사라는 직업으로 전환한 것이다. 이런 행동파의 단점은 철저한 계획을 세우지 않으면 실패할 확률이 높다는 것이었다. 그녀에게 가장 시급한 것은 올바른 비전과 계획이었다.

내가 그녀에 대해 SWOT 분석을 한 결과를 살펴보자.

그녀의 강점은 콘텐츠나 문서 활용 능력이 강하다는 것이었다. 그녀의 SWOT 분석 중 '기회' 항목을 보면 교육을 개발하는 자원이 풍부하다는 것을 알 수 있다. 그녀는 대화 중 이런 말을 한 적이 있다.

"강의를 들으면 새로운 아이디어가 많이 떠올라요. 그때마다 바로바로 만들다 보니 개발한 교육 프로그램이 굉장히 많아요. 교육 개발을 하는 일이 재미있어요."

그녀는 강사라는 업을 좋아한다. 하지만 그녀에게 맞는 일은 강의가 아닌 교육 개발에 가까웠다. 그녀에게 주어진 업무를 보면 대부분 교육 준비와 교육 개발이었다. 회사도 그녀의 강점을 최대한 활용했던 것이다. 하지만 그녀는 강의에 대한 동경이 있었다. 자신이 동경하는 것과 적성이 맞지 않자 업에 대한 불신까지 생긴 것이다.

현재의 상황과 문제점을 파악해 보니 지금부터 내가 그녀에게 해줄 수 있는 것과 그녀가 해야 할 것들이 명확해졌다. 어려운 과정을 겪는 사람도 있는데 행동파인 그녀는 시원시원한 성격 덕분에 순조롭게 진행되었다.

강점(Strength)	약점(Weakness)
문서 작성 능력이 상급이다. 끈기가 있다 조직에서 리더 경험이 있다 다양한 분야를 경험했다 부지런하다 콘텐츠 제작 기능 활용이 뛰어나다 ⋮	느긋한 성격 창의성이 부족하다 업에 대한 다양한 경험이 부족하다 시간 활용 능력이 부족하다 체력이 약하다 ⋮
기회(Opportunity)	**위험(Threat)**
교육 개발자들과의 정기적인 모임 의견을 공유할 수 있는 그룹이 있다 결혼 전이기 때문에 시간 활용이 용이하다 컨설팅 능력이 뛰어나다 ⋮	경기가 나쁘다 끼가 부족하다 초기 비용 확보가 어렵다 ⋮

강점과 기회를 통한 성공 사례 적어보기

그녀에 대한 객관적인 분석을 마친 다음에는 그녀의 성공 에너지가 어느 정도인지 파악할 차례이다. 성공 에너지를 파악하는 방법 중 하나가 자신의 성공 사례를 꼼꼼하게 적어보는 것이다. 지금까지 도전해서 성공한 크고 작은 일들을 어떠한 방법으로 진행했는지 작성해 본다. 그러면 새로운 비전을 어떻게 진행할지 알 수 있다.

성공 사례에서 위험도 보일 것이고 기회도 보일 것이다. 이것을 토대로 어느 부분에서 과감하게 도전해야 하는지도 알 수 있다. 성공 사례란 성공을 위한 레시피와 같다.

SWOT 분석 결과가 아무리 정확하다 해도, 새로운 비전을 아무리 잘 만들었다 해도 올바른 과정 없이는 성공할 가능성이 매우 낮다.

나에게 맞는 과정을 계획하고 미리 파악하는 방법으로는 과거 자신이 성공했던 사례들을 분석하는 것이 가장 정확하다. 성공 사례를 적는 데 가장 많은 시간을 할애해야 한다. 아주 작고 사소한 것까지 꼼꼼하게 작성해 보는 것이 좋다.

성공 사례

1) 건설회사 재직 시절 사장님께 보고하는 브리핑 자료를 만든 적이 있다. 사장님 성격이 워낙 꼼꼼하시고 오랫동안 실무를 하셔서 보고서 하나도 대충 만들 수 없었다. 나의 상사는 나에게 보고서 자료 및 브리핑 자료를 작성하는 업무를 맡겼다. 처음에는 매우 부담스러웠지만 자료를 하나씩 만들어가는 과정이 너무 즐거웠다. 사장님은 한눈에 보기 좋고 이해하기 쉽게 잘 준비했다는 칭찬까지 하셨다. 팀 모두가 좋은 성과를 거두게 되었고, 나는 상사에게 인정받아 포상 휴가까지 얻었다.

2) ……

최종 비전 만들기

터닝 포인트라는 말에는 희망도 들어 있지만 두려움도 있다. 익숙함을 내려놓고 새롭게 시작하기가 쉽지는 않기 때문이다. 그런데도 우리는 무언가 새로운 것을 자꾸 시도하려고 한다. 왜냐하면 후회 없는 삶을 살고 싶기 때문이다.

자신감을 잃었던 그녀의 얼굴에서 다시 자신감이 떠올랐다. 그녀의 얼굴에 생기가 도는 것을 보니 안심이 되었다.

이제부터는 최종적으로 행동파인 그녀를 위한 개인 비전을 설정해 보기로 했다. 그 전에 다음 몇 가지 질문에 답해 보자.

1) 내 삶의 가치는 무엇인가?
2) 내가 가장 자신 있는 것은 무엇인가?
3) 나의 꿈은 무엇인가?

최종 비전

교육 컨설턴트가 되자.

비전이라고 하면 으레 멋있고 특별해 보이는 것을 생각하게 마련이다. 자신의 성격이나 능력에 맞는 것이 아니라 겉으로 좋아 보이는 것을 선택한다면 나중에 후회하게 된다. 비전에는 자신이 평소 생각하는 삶의 가치와 이루고 싶은 꿈이 담겨 있어야 한다. 비전은 자신이 살아가야 할 삶의 기준이자 목표가 될 수 있기 때문이다.

워라밸을 실현하기 위해서는 자신이 어떤 가치를 가지고 어떤 삶을 살고자 하는지를 아는 것이 가장 중요하다. 10년의 삶을 위한 최종 개인 비전을 설정했다면 이미 워라밸 첫 단계를 성공한 셈이다.

최종 개인 비전을 만든 다음에는 실행하기 위한 행동 전략을 세워야 한다. 특히 그녀는 깊이 생각하기보다 행동이 더 빠르기 때문에 좀 더 세밀하게 계획해야 한다.

워라밸 10년 계획 3단계

비전 실행을 위한 행동 전략을 기록하라

실행은 곧 과정을 말한다. 과정이 어떻게 진행되느냐에 따라 결과가 달라진다. 올바른 과정을 위한 자신의 행동 전략을 만들어보자.

개인 비전을 실현하려면 다음 4가지를 모두 실행해야 한다.

완벽한 계획보다는 올바른 방향을 설정해야 성공적인 결과를 얻을 수 있다. 그녀는 매일 마시던 커피 한잔에서 따뜻한 차 한잔으로 바꿀 계획을 세웠다. 그런 작은 변화가 하나씩 모이다 보면 성공할 확률이 높아질 것이다.

1. 자아실현(마인드 컨트롤)	2. 금전적 확보(환경 개선)
성인 발레 배우기 매일 아침 커피 대신 차 한잔 ⋮	부채 리스트 작성 일일 지출 만 원 줄이기 ⋮
3. 인간관계(인맥 관리)	**4. 행동력(추진)**
인문학 토론 모임 진로 상담 ⋮	

워라밸 10년 계획 4단계

성공 시나리오를 작성하라

앞으로 당신이 어떤 모습으로 살아갈지 상상해 보자. 어렵고 힘들지만 꿋꿋하게 이겨낸 미래의 자기 모습을 작성해 보자.

다음 예시보다 훨씬 더 구체적으로 작성해도 좋다. 작성 방법이나 규칙이 따로 정해져 있는 것은 아니다. 다만 자신이 생각하는 소신과 계획, 발생할 수 있는 돌발 상황까지 작성해 본다. 가장 중요한 마지막 결론은 모든 어려움을 이겨낸 훈훈한 이야기로 마무리해 보자.

준비된 사람은 마음이 든든하다. 그런 든든한 마음이 자신감

30세	지금 하고 있는 일에 대한 비전을 느끼지 못하고, 내가 좋아하는 일을 하고 싶었다. 그래서 맨 먼저 SWOT 분석을 통해 나를 알아보았다. ⋮
35세	
40세	
45세	

을 불러일으키고 성공의 길로 이끈다.

그녀는 총 4단계의 과정을 통해 자신의 워라밸을 지키기 위한 10년의 계획을 만들어보았다. 나를 찾아왔을 때는 그녀의 얼굴에 괴로운 기색이 역력했다. 하지만 지금은 얼굴에 생기가 돈다.

나는 10년 후 그녀의 모습이 기대되었다. 과연 어떤 모습으로 나를 찾아올지 그리고 나는 그녀를 어떠한 모습으로 맞이할지 궁금했다. 그녀에게 새로운 삶에 대한 과제를 던져준 만큼 나 또한 더 긴장하고 워라밸을 지켜가야겠다는 다짐을 했다.

꿈이 있는 여자의 1페이지

꿈이 있는 사람은 미래를 두려워하지 않는다.

꿈이 있는 사람은 변화를 두려워하지 않는다.

꿈이 있는 사람은 성공에 집착하지 않는다.

꿈을 꾸는 사람들은 삶의 만족도가 매우 높다. 꿈을 꾸는 것 자체에서 희망이 생기고, 꿈을 이루기 위해 행동하면서 삶의 에너지를 얻기 때문이다.

'꿈'은 행복한 삶에 꼭 필요한 것이다.

나는 꿈을 꾸고 꿈을 위해 노력하는 엄마이다.

사람들은 나에게 '대단하다'고 하면서 '나는 절대 그렇게 못 해"라고 못을 박는다. 그런 말을 들을 때마다 내가 너무 주위 사람들과 가족을 배려하지 않고 과한 욕심을 부린 것은 아닌가 하는 생각이 든다. 하지만 그것은 쓸데없는 걱정이었다.

나는 아이들도 엄마인 나처럼 꿈을 꾸고 그 꿈을 위해 노력하기를 바란다. 그리고 그 아이들 옆에서 훌륭한 멘토가 되었으면 하는 바람이다. 나는 꿈을 꾸고 그 꿈을 이루기 위해 노력하면서 힘든 과정을 슬기롭게 이겨내는 엄마의 모습을 보여주고 싶었다.

나 혼자만 잘살겠다는 욕심으로 꿈을 꾸는 것이 아니다. 나뿐만 아니라 가족에게 희망적인 모습을 보여주고, 어떠한 어려움도 같이 이겨낼 수 있는 가족애를 키우고 싶었다.

나는 엄마, 아내, 며느리, 딸, 직장인, 컨설턴트 등 다양한 역할을 동시에 해내야 한다. 그 모든 역할을 해내기에는 시간적 여유가 많지 않다. 그중 어느 하나라도 빠진다면 육체적으로는 훨씬 더 편할 것이다. 하지만 정신적으로는 오히려 더 힘들고 어려울 것 같다.

그래서 나에게 주어진 역할을 해내는 가장 현명한 방법이 바로 나를 바로 세우고 주변을 돌아보는 것이라고 생각했다. 엄마이기에 희생하고 아내이기에 양보하는 것은 결코 올바른 방법이 아니다. 희생하기보다는 나의 꿈을 포기하지 않는 것이 올바른 방법이다. 나는 가족에게 꿈을 꾸고 그 꿈을 이루기 위해 도전하는 나를 응원해 달라고 설득했다.

그리고 가족들의 이해를 얻기 위해 '인생 선언문'을 적어서 보여주었다.

인생 선언문은 내 삶의 지도와 같다. 가야 할 방향을 구체적으로 보여주기 때문이다. 포기하고 싶은 순간 인생 선언문을 작성하고 읽어보면 다시 도전하고 싶은 마음이 생긴다.

새로운 것에 도전할 결심이 선 순간 인생 선언문을 꼭 작성해 보자.

나의 인생 선언문 작성하기

나의 최종 목표는 무엇인가?

자신이 이루고자 하는 목표를 정했다면 용기 있게 도전해야 한다. 도전하지 않는 목표는 한낱 구호에 지나지 않는다. 목표를 이루기 위해 도전하는 과정에서는 자신의 의지와 상관없이 일이 잘 풀리지 않고 포기하고 싶은 상황이 찾아오기도 한다.

업 전환은 그 자체가 힘든 과정이다. 업에 대한 고민을 하고 있거나 여성 또는 워킹맘으로서 방향을 잡지 못하고 힘들어하는 사람들에게 멘토 역할을 해주고 싶었다. 그 마음을 구체적으로 실행에 옮기다 보니 책까지 쓰게 되었다.

이제까지 한 번도 해보지 않은 일이기에 쉽지 않을 것이라고 예상했다. 하지만 실제로 책을 써보니 상상 이상으로 힘들었다.

나의 업은 글쓰기와 밀접하게 관련된 것이 아니다. 그렇다 보니 문법뿐만 아니라 내 생각을 글로 표현하는 것부터 서툴렀다. 여러 번 포기하고 싶은 순간이 있었다. 좌절감에 빠져 "내가 꼭 책을 써야 하나?" 하는 생각이 들기도 했다.

사실 나는 책을 쓰기에 좋은 조건을 갖추지 못했다. 강사라는 직업

자체가 출장이 많고 풍부한 내용을 전달하기 위해서는 꾸준히 공부해야 한다. 책을 쓰는 데 충분한 시간을 할애하지 못하니 진도가 나가지 않았다. 가족들이 지지해 주기는 했지만 두 아이의 엄마이고 여든 노모가 아이를 돌보는 상황에서 힘든 일이었다.

여러 가지 여건상 포기할 수도 있었다. 포기하더라도 이상한 일이 아니었다. 하지만 나는 절대 포기하지 않았다. 인생 선언문에 꿈을 포기하지 않겠다고 적었기 때문이다.

다음은 나의 인생 선언문이다. 이것을 참고해서 여러분도 자신의 인생 선언문을 꼼꼼히 작성해 보자.

인생 선언문	
이 름	양지선
목 표	마음을 움직이는 교육 컨설턴트
슬로건	똑똑한 진심을 전달하자
키워드 (자신에 맞춰 변경 가능)	**선언 내용**
의지	나는 항상 모든 일에 최선을 다하고 변화를 두려워하지 않는다. 나에게 포기란 없다. 포기하고 싶은 생각이 드는 순간 가족들을 생각하자.
가족	가족은 내가 살아가는 이유다. 최선을 다해 가족을 책임질 것이다.
직장	나의 역량을 계속 강화할 것이며 동료와 협력하여 함께 성장할 것이다.
인간관계	깊은 인간관계에 집중하자. 시기와 질투는 내가 가질 수 없는 것을 갖고자 하는 욕심에서 나온다. 그런 사람은 멀리 하자.
강사	타고난 능력을 소유한 강사는 없다. 연습과 노력은 절대 나를 배신하지 않는다.
학교	지식의 양은 중요하지 않다. 배우고자 하는 나의 의지와 태도가 중요하다. 학문적인 것뿐 아니라 교육자로서 갖춰야 할 태도를 배울 수 있다. 다양한 관점으로 바라보는 것이 중요하다.
도움	되도록 많은 사람들에게 도움을 주자. 내가 먼저 최선을 다했을 때 다른 사람에게도 도움을 요청할 수 있다.

인생 선언문을 작성하다 보면 자신이 어떤 목표를 가지고 있는지 명확하게 인지할 수 있다. 그리고 어떻게 해야 목표를 이룰 수 있는지 실행 방법도 알 수 있다. 목표를 세우는 것보다 더 중요한 것이 어떻게 실행하느냐이다.

사람들을 상담하고 교육하다 보면 처음에는 의욕적으로 도전하다가 시간이 지나면 열정과 의지가 점점 사라지는 경우를 많이 보게 된다. 그렇게 포기한 사람들이 잘못됐다고 말할 수는 없다. 하지만 '올바른 과정'을 만들었다면 포기라는 극단적인 선택은 하지 않았을 것이다.

자신이 직접 작성한 인생 선언문을 읽어보면 목표를 확고하게 다질 수 있다. 그리고 포기하고 싶은 순간 다시 도전하고자 하는 희망과 의지가 생긴다.

다시 시작된 삶

이 책을 처음 접했을 때 어떤 목표와 꿈을 가지고 있었는가? 그리고 이 책을 다 읽고 인생 선언문까지 작성한 지금 당신은 어떤 목표와 꿈을 가지게 되었는가?

세상이 많이 달라졌다고 하지만 여성, 특히 워킹맘이 사회생활을 하기는 결코 만만치 않다. 더구나 자신의 분야에서 성공하기는 더더욱 어렵다. 하지만 나는 그대로 멈춰 있기보다 도전하고 실행하는 것이 진정한 행복이라고 생각했다.

엄마로서 아내로서 며느리로서 딸로서 어느 하나 쉬운 역할은 없다. 하지만 나는 그 모든 역할에 둘러싸여 있는 상황에서도 나의 꿈을 포기하지 않고 끝까지 도전했다.

나는 업에 대한 고민을 많이 했다. 워킹맘으로서 자신의 꿈을 펼치기는 불가능하다고 생각했다. 아직은 여자가 사회생활을 하기에 충분한 제도적 여건이 마련되어 있지 않기 때문이다.

하지만 어려움이 따를 때마다 현실을 탓하고 도전을 망설였다면 지금 나는 어떤 엄마가 되어 있을까? 사람마다 고민하는 것들이 제각각 다르고 해결 방법도 천차만별이다. 한 가지 방법이 모든 사람에게 적용될 수는 없다. 다만 분명한 것은 내가 행복해야 가족이 행복하다는 것이다.

법륜 스님은 이런 말씀을 하셨다.

"우리가 살면서 직면하게 되는 문제를 외면하지 않고 관심을 기울여 상황을 파악하고 원인을 규명하여 해답을 찾아간다면 문제는 시련이 아니라 또 하나의 도전으로 바뀐다."

시련은 곧 도전해야 한다는 것을 알리는 시그널이다. 착실하게 꾸준히 도전하면 지금보다 더 나은 인생이 당신을 기다릴 것이다.

CHAPTER 3

미안해하지 않아도 괜찮다

_ 당당하게 일하다

슈퍼우먼의 올바른 이해

나는 많은 워킹맘들과 대화를 하고 수많은 강의를 한다. 그들을 만나면서 가장 많이 받는 질문이 하나 있다. 일과 가정 사이에서 어떻게 균형을 잡는가 하는 것이다.

일과 가정은 너무도 달라서 결코 양립할 수 없을 것처럼 보인다. 어느 한쪽을 포기해야 다른 한쪽에서 만족할 수 있는 희생 관계이기 때문이다. 양쪽 모두 만족할 수 있는 방법을 찾기란 결코 쉽지 않다. 어쩌면 그런 방법은 없는지도 모른다. 그런 말도 있지 않은가, 슈퍼우먼은 없다고.

그나마 최선의 방법은 일과 가정 사이에 적절한 균형점을 찾는 것이다. 둘 다 만족하는 것이 아니라 적당한 수준에서 타협하는 것에 가깝다고 할 수 있다. 단순하게 생각했을 때 둘 중 하나만 선택해서 집중하면 좀 더 큰 효과를 볼 수 있다. 하지만 대부분의 사람들이 그렇게 할 수 없다. 그만큼 경제적으로 풍족하지 않기 때문이다.

경기는 계속 어려워지고 4차 산업혁명에 따른 일자리 감소로 현재의 직업으로 평생 먹고산다는 보장이 없다. 그런 상황에서 일과 가정 둘 중 하나를 선택하기는 현실적으로 어려운 일이다. 어쩌면 일과 가정의 균형을 이루는 것은 현대인들이 무조건 해결해야 하는 과제일지도 모른다.

나 또한 일과 가정의 균형을 잡기까지 크고 작은 위기를 겪었다. 일을 포기하고 싶었던 순간도 많았고, 모두 잘하려고 힘쓰다가 오히려 실패하고 좌절에 빠지기도 했다. 이런 과정을 겪으면서 크게 깨달은 것이 하나 있다. 그리고 그 깨달음을 기준으로 일과 가정의 균형을 이룰 수 있었다.

나는 슈퍼우먼이 아니다

나의 생각을 완전히 바꾸게 한 깨달음은 바로 나의 내면에 깔린 슈퍼우먼 콤플렉스를 버리고 나를 둘러싼 환경을 바꾸는 것이었다. 나 자신이 변화하지 않는 한 어느 누구도 일과 가정 둘 사이에서 힘겨워하는 나를 도와줄 수 없다는 것을 깨달았다. 그리고 그 순간 현재 나의 모습을 돌아보게 되었다.

나는 한 남자의 아내이자 두 아이의 엄마, 그리고 하나밖에 없는 며느리이자 노모의 늦둥이 막내딸이다. 가족은 나를 의지했고 그들의 믿음에 부합하고자 나도 모르는 사이 슈퍼우먼처럼 행동하게 되었다.

나는 스스로 가족의 중심이라고 생각했다. 아내로서 엄마로서 며느리로서 딸로서 전혀 다른 역할을 충실히 해내고자 했다. 그리고 이런 나의 노력을 가족 모두 알아줄 거라는 막연한 믿음이 있었다. 하지만 이 또한 잘못된 생각이었다.

혹여 실수를 하거나 대소사를 놓칠 경우 나의 상황을 이해하기보다는 '며느리로서 좀 더 신경 써야 한다' 아니면 '엄마니까 정신 바짝 차려야 한다'는 압박이 가해졌다.

나는 며느리로서 가족의 대소사를 챙겨야 했고, 엄마이기에

뭐든지 인내해야 했다. 현명한 아내이자 이해심 많은 딸이 되어야 했다.

결혼하고 아이가 생기는 순간 모든 사람들이 나에게 슈퍼우먼만이 할 수 있는 초인적인 힘을 발휘할 것을 요구했다. 나도 슈퍼우먼이 될 수 있다고 생각했다.

심지어 아이를 낳고 기르는 것뿐 아니라 경제적인 부분까지 일조해야 한다는 무게가 더해졌다. '시대가 바뀌었으니 여자도 일해야 한다' '시대가 아무리 변해도 여자는 여자다' 이 2가지 상반되는 말이 워킹맘의 꼬리에 붙어 다녔다. 이것은 풀 수 없는 딜레마다. 바로 이 2가지 생각이 일과 가정의 균형을 이루는 데 큰 걸림돌이 된다.

나 또한 각각의 역할에 대한 책임을 져야 한다는 생각이 강했다. 그래서 나에게 주어진 상황들을 당연하게 받아들였다. 그러다 보니 참는 것이 습관이 되었고 나 스스로에게 희생을 강요하고 있었다. 나는 의도하지 않게 슈퍼우먼이 되어가고 있었다.

티핑 포인트

대부분의 워킹맘들은 무조건 참는 것이 정답이 아니라는 것을 잘 안다. 하지만 달리 해결할 방법이 없기 때문에 변화를 시도하지 못하는 것이다. 나 하나 참으면 가족 모두 평안하다는 생각이 워킹맘들을 강하게 억누른다. 그러다 보니 자신의 의사와 상관없이 자연스럽게 슈퍼우먼이 되는 것이다.

이런 인내심이 한순간도 변하지 않고 계속된다면 아무런 문제가 없을 것이다. 하지만 어느 순간 참지 못하고 자신도 주체하지 못할 만큼 폭발할 때가 있다. 그런 급격한 변화 시점을 가리켜 티핑 포인트라고 한다.

눈에 보이지 않는 작고 미미한 위기가 계속되다 어느 순간 억눌려 있던 균형이 깨지고 극단적인 변화가 찾아오는 상황이 바로 티핑 포인트다. 이런 시점이 오면 다시 처음으로 돌아가기는 매우 어렵다. 우리는 티핑 포인트를 만나지 않기 위해 현재의 생각과 환경을 바꿔야 한다. 자신이 변화해야 일을 하면서도 소중한 가족을 지킬 수 있다.

어떻게 해야 티핑 포인트를 피할 수 있을까? 일과 가정의 균형을 얻기 위해 어떠한 변화가 필요할까? 변화의 시작점은 바로 슈퍼우먼에 대한 고정관념을 버리는 것이다. 모든 것을 해결할 수 있는 슈퍼우먼이 될 수 없다는 것을 스스로 인정하고 가족뿐만 아니라 직장에서도 도움과 협조를 구해야 한다. 나 혼자 모든 것을 해결하려는 생각은 책임감이 아닌 무모한 도전이다.

육아는 공동의 책임이다. 엄마 한 사람의 몫이 아니다. 그 점을 가족 모두 인지해야 한다. 가족들이 일하는 엄마를 배려할 수 있도록 워킹맘 자신이 적극적으로 이해를 구할 수밖에 없다.

직장에서도 마찬가지다. 누구나 개인적인 일이 생길 수 있다. 내가 아플 수도 있고 아이가 아플 수도 있다. 가족 행사도 있고, 아이의 학교 행사에 참석해야 할 때도 있다.

워킹맘의 상황을 특별하게 보는 시선을 잠재우는 것도 중요하다. 아이가 아파도 눈치가 보여서 말도 못 하고 전화기만 붙들고 쩔쩔매는 워킹맘들이 있다. 그런 상황은 누구에게나 있을 수 있다는 것을 워킹맘 자신부터 인지해야 한다.

일과 가정의 균형을 잡는 일은 시작은 있으나 끝이 없다. 변화를 시도했다면 지속적으로 관리해야 한다.

나와 같은 어려움을 겪으면서 힘들어하는 사람들을 위해 이 책을 썼다. 하지만 나에게 맞는 방법이 모든 사람들에게 적용될 수는 없을 것이다. 이 책에서 개개인 모두에게 맞는 방법을 제시

할 수는 없다. 다만 전체적인 가이드라인을 통해 자신에게 맞는 방법을 찾는 데 도움을 줄 뿐이다.

지금부터 일과 가정의 균형을 이룰 수 있는 세부적인 방법들을 알아보자.

나는 왜 이렇게 힘들까?

아이를 낳고 보니 엄마라는 자리가 얼마나 힘들고 책임이 무거운 자리인지 알게 되었다. 엄마이기 때문에 해야 하는 일들도 많고, 엄마이기 때문에 참아야 하는 것들도 많다.

어릴 적 나는 엄마를 보면서 이런 생각을 자주 했다. '엄마는 왜 저렇게 살지? 자기 시간도 좀 갖고 편히 지내도 될 텐데 말이야. 왜 저렇게 가족한테만 매달려서 살지?' 나는 그런 엄마를 이해할 수 없었고 답답하게만 느껴졌다.

내가 아이 둘을 낳고 엄마가 되어보니 어릴 적 엄마의 행동들이 하나하나 조금씩 이해되기 시작했다. 엄마에게는 책임감과 희생이 요구되었다. 결코 엄마가 원해서 그런 것이 아니었다. 하지만 어느 순간 그런 엄마의 자리가 버겁고 힘든 시기가 찾아왔다. 그때 나는 모든 것을 포기하고 어디론가 도망가 버리고 싶은 생각마저 들었다.

SOS

첫딸이 다섯 살, 둘째가 6개월 되던 해에 '깡' 하나는 최고였던 나에게 크나큰 슬럼프가 찾아왔다. 둘째 임신을 고민할 때 주위 사람들은 많은 조언을 해주었다.

"애는 낳기만 하면 알아서 크게 마련이야."

"첫째가 둘째도 봐주고, 특히 둘째는 저 혼자서도 잘 커."

"딱 1년만 고생하면 돼. 그다음부터는 괜찮아."

틀린 말은 아니었다. 하지만 힘든 시기를 끝낸 사람들의 이야기였다. 지나고 나면 별일 아닐 수도 있지만 나는 지금부터 겪어야 할 현실이었다. 그것이 함정이었다. 지금부터 내가 극복해야 할 일들이었던 것이다.

새벽 4시만 되면 배고프다고 자지러지게 울어대는 둘째 아이에게 분유를 먹이고 잠을 재우면 5시 30분쯤 된다. 잠깐 눈 붙이고 7시에 일어나 첫째의 어린이집 등원 준비와 함께 나도 출근 준비를 서두른다. 그렇게 아침 1시간이 1초와 같이 순식간에 흘러간다.

출근하고 나서부터는 아이 둘의 엄마라는 역할에서 벗어나 교육 운영의 책임을 맡고 있는 파트장의 일이 시작된다. 나는 일 욕심도 많고 세심한 편이어서 타이트하게 일하는 편이다. 더구나 일에 적극적이어서 남들보다 더 많은 에너지를 발산한다.

직장에서 총 9시간을 보내고 나면 체력적으로 힘들어 쉬고 싶은 마음뿐이다. 하지만 퇴근 이후부터는 두 아이의 엄마로 돌아가서 아이 둘을 목욕시키고 밥 먹이고 재우는 것까지 내가 직접 한다. 당연히 내가 해야 하고 내 책임이라고 생각했다.

지나친 욕심이었을까?

어느 날 아이 둘을 빨리 재우고 쉬어야겠다는 생각뿐이었다. 그만큼 몸이 힘들었다. 그런데 다섯 살 딸아이가 투정을 부리기 시작했다. 힘들 때는 아이를 대하는 태도도 날카로워질 수밖에 없다.

"목욕하게 빨리 와. 어서!"

나는 점점 단호한 말투로 아이를 다그치기 시작했다. 평소 같으면 저녁을 먹는 남편이 불편하지 않도록 아이를 달래면서 빨리 해치웠을 것이다. 하지만 그날은 모든 것이 제어가 되지 않았다. 결국 나는 아이에게 소리를 지르고 말았다.

"엄마 화내지 마. 화 많이 났어?"

"응. 엄마 화났어. 빨리 밥 먹어."

내 목소리는 점점 더 높아졌고, 퉁명스럽게 아이를 대했다. 결국 아이는 울음을 터트렸고, 나 또한 폭발하고 말았다. 가슴이 터질 것 같았고, 모든 것이 이성적으로 판단되지 않았다. 갑자기 눈물이 났다. 나는 가족들이 볼까 봐 화장실에 들어가 물을 틀어놓고 엉엉 울기 시작했다. 그렇게 한참을 울고 나니 마음이 조금 편안해지기 시작했다.

둘째의 출산휴가를 끝내고 회사 복귀를 앞둘 때였다. 3개월이라도 친정엄마를 편안하게 해주고 싶었다. 그래서 3개월 꼬박 내 손에서 아이를 놓지 않았다. 친정엄마는 나를 걱정하며 "몸 상하겠다. 힘들면 엄마한테 맡기고 좀 쉬어"라고 말했다. 하지만 나는 엄마를 조금이라도 쉬게 해주고 싶었다.

낮에 일하고 돌아온 남편이 저녁이라도 편히 쉴 수 있게 해주고 싶었다. 주말에도 남편이 집에서 휴식을 취할 수 있기를 바랐다. 그래서 더더욱 아이를 내 손에서 놓지 않고 피곤함을 애써 눌

렸다.

"나도 엄마랑 같이 어린이집 가고 싶어. 다른 친구들은 다 엄마랑 온단 말이야."

회사에 다닐 때 딸아이는 울먹이면서 이런 말을 했다. 그래서 3개월만이라도 아이가 원하는 대로 해주고 싶었다. 어린이집 등·하교부터 생일 파티까지 아이에게 못 해주었던 것들을 모두 해주고 싶었다.

나를 힘들게 하는 나

나에게 주어진 3개월의 출산 휴가는 순식간에 지나갔고, 어느새 나는 워킹맘으로 돌아갔다. 직장에 복귀하고 나서도 3개월 휴직의 흔적을 없애고자 누구보다 열심히 일했다. 나는 그렇게 둘째 아이를 낳고 가족과 직장에 모든 에너지를 쏟았다. 하지만 그런 행동이 나뿐 아니라 가족에게도 전혀 도움이 되지 않았다는 것을 뒤늦게 깨달았다. 인내심이 한계에 다다르고 극한 상황에서 울음을 터뜨리고 나서야 알게 되었던 것이다.

인내하는 것만이 정답이 아니었다. 모든 것을 내가 해결하려는 것만이 상대를 도와주는 것이 아니었다.

눈이 빨개진 나를 보고 가족들은 아무 말도 하지 않았다. 아이 둘 모두 잠들고 나서 친정엄마가 먼저 운을 뗐다.

“네가 건강하고 행복해야 엄마도 행복한 것 같아. 네가 엄마를 위한답시고 무리하면 엄마가 오히려 너한테 짐이 되는 것 같아서 마음이 더 아파. 너는 내 자식이니까 엄마한테 기대도 돼. 그게 엄마가 사는 이유야.”

눈물이 더 쏟아지려는 것을 꾹 참았다.

헬스장에서 돌아온 남편은 이렇게 말했다.

“힘들면 쉬어. 나도 할 수 있어. 너무 혼자 다 하려고 하지 마. 당신이 행복해야 우리도 행복한 거야.”

나는 눈물을 흘리면서 연신 남편에게 미안하다고 말했다.

가족들을 위하는 일이라고 생각했던 것들이 오히려 가족들을 힘들게 했다.

왜 나는 이렇게 힘들지? 나만 힘든 걸까? 나를 힘들게 했던 것은 다른 사람이 아닌 바로 나였다.

나 혼자 희생하려 들지 말고 가족들에게 도와달라고 하고 내 감정을 솔직하게 털어놓았다면 좋았을 것이다. 결국 나는 가족과 대화하지 않고 나 혼자 생각하고 나 혼자 독단적으로 행동한 것이다. 그리고 그것이 가족을 위한 것이라고 믿었다.

그 일이 있은 후 나에게 많은 변화가 찾아왔다.

"여보, 오늘 저녁에 청소 좀 해줘요. 첫째 밥 좀 먹여주고요."

"엄마, 오늘 진짜 힘들었어요. 애들 빨리 씻기고 일찍 자야겠어요."

이제는 내 상황과 감정을 숨김없이 표현한다. 내 몸과 마음 상태를 가족에게 털어놓고 당당하게 도움을 요청한다.

그런 나를 보면서 가족들도 솔직하게 표현한다. 그래서 우리는 서로가 필요한 존재가 되었고 가장 큰 의지가 되었다.

워킹맘으로 생활하다 보면 잘하다가도 어느 순간 도무지 견디기 힘들 때가 있다. 한계에 부딪혔을 때는 자신의 생각과 행동을 돌아보아야 한다.

가족을 위한 행동이 오히려 가족을 힘들게 하는 이기적인 희생이 아니었는, 나 자신이 힘든 상황을 만들고 있는 것은 아닌지 돌아봐야 한다. 자신의 감정에 좀 더 솔직해져야 내가 행복할 수 있다.

미안하다는 말은 이제 그만

늦은 밤까지 일하고 집으로 돌아오면 쏟아지는 잠을 참으며 엄마를 기다린 딸아이가 큰 소리로 "엄마" 하고 부르며 달려온다. 나는 딸아이를 꼭 안아주면서 "미안해, 엄마가 너무 늦었지"라고 사과한다. 친정엄마와 남편에게도 "미안해요. 너무 늦었죠"라고 말하며 남아 있는 집안일이 있는지 확인한다.

내가 없는 동안 나를 대신해 아이들을 목욕시키고 밥 먹이고 청소를 해준 가족 모두에게 너무 미안했다. 가족 모두 내가 해야 할 일을 도와준 것 같은 마음이었다.

일이 밀려서 야근하는 날이면 퇴근이 늦어질수록 마음이 초조하고 불안했다. 그런데 남자 직원들은 나와 전혀 달랐다.

어떤 차이가 있을까?

나는 육아와 살림은 여자가 해야 할 일이라는 생각에서 벗어나지 못하고 있었다. 똑같이 야근을 하더라도 워킹맘은 가족들에게 미안한 마음뿐이다.

항상 당당한 워킹맘을 외쳤던 나조차 막상 이런 상황이 되면 가족에게 미안한 감정이 앞서고 집에 빨리 가야 한다는 조바심이 난다.

힘들다고 말하기

생각을 바꾸고 변화해야 한다. 일을 하다 보면 늦게 퇴근할 수도 있다. 왜 이런 상황에서 항상 미안한 생각이 들까? 어떤 가족은 '괜찮아, 너도 힘들었을 텐데' 하면서 위로해 주는가 하면, '왜 이렇게 늦었어. 당신 회사에는 일할 사람이 당신밖에 없어'라고 핀잔을 주는 가족도 있다. 나는 과연 어떤 상황에 놓여 있는 것일까?

어떤 상황이든지 워킹맘을 선택한 이상 환경을 바꿀 필요가 있다. 먼저 처음으로 돌아가 왜 워킹맘을 선택했는지 생각해 보자.

자기계발을 위한 선택일 수도 있겠지만 대부분 조금이나마 경제적인 여유를 갖고자 하는 마음이 컸을 것이다. 워킹맘 혼자 독단적으로 결정하지는 않았을 것이다. 분명 가족 모두의 합의하에 결정했을 것이다.

가족의 동의와 합의가 이루어졌다는 것은 가족의 도움 없이는 절대 할 수 없다는 뜻이기도 하다. 처음부터 모두 동의한 결정이기에 가족들이 협력하는 것은 당연하다.

처음에는 가족 모두 필요에 의해 결정했는데도 실제로는 남자와 여자의 역할을 구분하고, 엄마의 역할을 강조하게 된다. 육아와 집안일은 여자의 책임이 아닌 공동의 책임으로 보고 상황에 맞춰 각자 해야 할 일을 조율할 필요가 있다.

탄력적 조율

우리 집의 경우 퇴근하고 집에 돌아오면 아이들이 잠드는 10시 전까지 집안 청소, 아이 둘 목욕, 저녁 식사까지 마쳐야 한다. 처음에는 남편은 청소, 아이의 목욕과 식사는 내가 맡기로 했다. 엄마인 나는 아이 돌보는 일에 적합하고, 청소나 힘을 쓰는 집안일은 남편에게 적합하다고 생각했다.

이렇게 서로의 역할을 정하면 아무 문제 없을 것 같았다. 하지만 실제로는 우리의 계획대로 흘러가지 않았다. 나보다 조금 일찍 퇴근하는 남편은 집에 돌아와 자신의 몫인 청소를 하고 나서 아이의 목욕이나 식사는 내가 올 때까지 기다렸다. 나는 부랴부랴 집에 돌아와 가방을 놓자마자 아이들을 목욕시키고 밥 먹이고 잠을 재운다. 그러다 보니 회사에서는 일을 빨리 마무리하기 바쁘고, 조금이라도 늦는 날이면 초조함에 발을 동동 구르기도 한다.

결국 나는 한계에 부딪혔다. 자신의 몫을 다 했다고 가만히 앉아 있는 남편을 보자마자 화가 치밀었다. 여느 남편보다 아내의 일을 많이 도와주고 다정한 사람이기는 하지만 내가 한계에 다다르자 참을 수가 없었다.

결국 우리 부부는 육아와 집안일을 다시 조율했다. 각자 할 일을 미리 정하지 않고 유동적으로 하기로 했다. 늦게 오는 사람을 배려하기 위해 일의 순서를 정하기로 한 것이다.

1) 집 청소
2) 아이들 목욕
3) 식사 준비
4) 아이 양치와 잠재우기

역할을 나눠서 하는 것이 아니라 먼저 오는 사람이 순서대로 하기로 했다. 남편이 먼저 퇴근해서 청소를 하고 아이들을 목욕시키고 있으면 나도 퇴근해서 집에 돌아온다. 나는 자연스럽게 식사 준비를 하고 아이들 밥을 먹인다. 그사이 남편은 잠자리 준비를 하고 나는 바로 아이들을 재운다.

우리는 역할을 미리 정하는 것이 아니라 일에 맞춰서 탄력적으로 역할을 수행했다.

이렇게 역할을 조율한 다음부터 나는 아이들과 남편에게 미안하다는 말 대신 고맙다는 말을 더 많이 하게 되었다.

"엄마 대신 아빠 많이 도와줘서 고마워."

"당신 때문에 편안하게 일을 마무리했어요. 고마워요."

미안하다는 말보다 고맙다는 말이 늘어나면서 워킹맘이어서 힘들기보다 행복하다는 생각이 들기 시작했다.

강의 때문에 늦게 퇴근하는 날 여느 때 같으면 불안하고 초조

했겠지만 변화의 과정을 겪은 후에는 달라졌다. 그 전에는 아이들에게 '미안하다'는 말만 거듭하다 전화를 끊었다. 하지만 지금은 "아빠랑 좋은 시간 보내고 있어. 내일은 엄마랑 재미있게 놀자"라며 전화를 끊는다. 아무리 현명한 선택을 했다고 하더라고 과정까지 완벽할 수는 없다. 계속된 시행착오를 통해 올바른 방향을 잡아나가는 것이 중요하다.

과감히 버려라

버리면 자유로운 것들

아이들에게는 좋은 엄마가 되고 싶었고 남편에게는 현명하고 편안한 아내가 되고 싶었다. 친정엄마에게는 돌아가신 아빠에게 못 해드렸던 것들까지 다 해주는 착한 딸이고 싶었다. 내 목숨보다 더 소중한 사람들이기에 그들에게만큼은 최고의 사람이 되고 싶었다. 그러나 워킹맘은 시간도 환경도 내 의지대로 할 수 없었다. 잘하려고 해도 환경이 뒷받침되지 않았을 뿐 아니라 나 스스로 한계에 부딪혔다.

잘하고 싶은 마음이 강할수록 악순환의 연속이었다. 그런 나를 바라보는 가족들도 나만큼이나 힘들어했다. 더 이상 안 되겠다는 생각이 들었다. 그리고 나는 지나친 욕심을 하나씩 하나씩 버리는 연습을 시작했다.

소중한 사람들을 위한 일들을 하나씩 버리는 것은 쉬운 일이 아니었다. 조금씩 꾸준히 지속적으로 버리는 연습이 필요했다. 의도적으로 연습하지 않으면 절대 버릴 수 없는 것들이다. 나는 한동안 버리지 못한 고정관념과 콤플렉스로 인해 '웃었다' '울었다'를 반복했다.

나는 좋은 엄마가 되고 싶고 현명한 아내 또는 착한 딸, 착한 며느리가 되고 싶은 생각을 바꾸지 못해 힘들어했다. 엄마, 아내, 딸, 며느리라는 역할을 하기도 쉽지 않은데, 좋은 엄마, 현명한 아내 등의 수식어까지 붙이며 나 스스로 스트레스를 자초했다.

일과 가정의 불균형으로 힘들어하는 워킹맘들은 가장 먼저 이런 수식어부터 버려야 한다. 그래야만 새로운 변화를 시도할 수 있고, 자신이 원하는 것을 얻을 수가 있다.

그렇다면 일과 가정의 균형을 위해 버려야 할 것은 무엇일까? 구체적으로 알아보고 지금 당장 실천하자.

완벽함을 버려라

모든 일을 완벽하게 해야 한다는 생각을 버려라. 완벽한 사람은 없다. 누구나 모르는 분야와 부족한 능력이 있게 마련이다. 워킹맘에게 따라 붙는 가혹한 조건들을 나 스스로 버려야 한다. 회사 일이 많으면 집안일에 소홀할 수밖에 없다. 양립하는 2가지를 모두 취할 수는 없다. 이럴 때는 내가 하지 않으면 안 된다는 생각을 버려야 한다.

가사도우미를 쓸 형편이 된다면 써라. 꼭 나 아니면 안 된다는 생각을 버려라. 가사도우미를 쓰면 힘들게 돈을 벌어도 남는 것이 없다고 생각할 수 있다. 하지만 그런 생각조차 버려야 한다. 가사도우미를 쓰더라도 얼마든지 그에 맞춰 생활할 수 있다. 분명 돈을 버는 이유는 당신과 가족의 행복을 위함이지 서로 스트레스를 주면서 살기 위함은 아니다.

불편한 고정관념을 버려라

엄마는 아프지 말아야 한다, 엄마는 강인해야 한다, 이런 생각에서 벗어나라. 엄마도 아플 수 있고 때로는 지쳐 쓰러질 때도 있다. 아이들과 남편에게도 이러한 사실을 정확하게 전달할 필요가 있다.

나는 회사에서 아무리 힘든 일이 있어도 집에서는 내색하고 싶지 않았다. 그래서 아파도 참고 늘 밝게 웃으려고 했다. 최대한 감정을 억제하고 아이들과 남편을 대하고 싶었다. 그런데 결정적인 순간 이런 말을 듣게 되었다.

"힘들면 말하지, 왜 참아."

처음에는 억울한 마음이 들었다. 가족을 위해서 참았기 때문이다. 이런 말을 듣고도 나는 여전히 아이들과 남편을 위해 아무리 힘들어도 솔직하게 이야기하지 못했다. 엄마로서 당연히 감당해야 할 몫이라고 생각했던 것이다.

하지만 인내의 한계에 부딪힌 순간 그런 행동은 나뿐만 아니라 가족에게도 좋지 못한 결과를 가져올 수 있다는 것을 깨달았다. 그런 한계에 이르기 전에 우리 마음속에 뿌리내린 고정관념을 버려야 한다.

아이들에게 엄마는 늘 강한 존재일 필요 없다. 엄마도 아플 때가 있고 위로받고 기대고 싶을 때가 있다는 것을 알아야 한다. 그래야 힘들 때 아이들의 도움을 받을 수 있다.

남편에게는 아내이기 전에 한 여자로서 사랑받고 보호받고 싶어 한다는 것을 알려주어야 한다. 나를 힘들게 하는 고정관념은 다른 누구도 아닌 나 스스로 만든 것이다. 내가 버리지 않으면 절대 자신의 불편함을 해소할 수 없다.

여자라는 생각을 버려라

여자는 조신해야 한다, 여자는 아이를 잘 키우고 남편 내조를 잘해야 한다, 과거에는 이런 교훈 같은 것들이 여자에게 많이 따라 붙었다. 하지만 시대가 바뀌면서 여자에 대한 사회적 이미지뿐 아니라 역할도 변했다.

남자가 집안일을 하거나 여자가 회사에 다니는 것이 전혀 이상하지 않다. 서로의 역할이 바뀌어도 자연스럽게 받아들인다. 하지만 여자가 해야 할 일, 남자가 해야 할 일이 따로 있고, 여자는 여자답고 남자는 남자다워야 한다는 인식이 완전히 사라진 것은 아니다.

남자는 돈을 벌어오고 여자는 집안일을 해야 한다는 역할 구분이 흐려진 지 오래다. 여자가 밖에 나가서 돈을 벌어오는 시대에 여자다움을 논할 수는 없는 것이다. 시대가 이미 여자다움을 필요로 하고 있지 않으니 말이다.

여자와 남자가 하는 일이 다른 것이 아니라 여자든 남자든 잘하는 일을 하면 된다. 남자가 육아와 집안일을 더 꼼꼼하게 할 수도 있고, 여자가 사회적으로 성공할 수도 있다. 이러한 생각의 변화는 남자가 아닌 여자들에게 더 필요하다. 여자들이 좀 더 깊게 이해하고 행동해야 한다. 여자이기 때문에 할 수 있는 일이 아니라 내가 잘하는 일을 보여주어야 한다.

그것이 남녀평등의 시작이다. 육아와 집안일이 어느 한쪽의 역할이나 책임이 아니라 부부가 공동으로 짊어져야 할 일이라는 것을 여성들이 먼저 인식해야 한다.

거절하는 것을 불편해하지 마라

한 사람이 모든 것을 수용할 수는 없다. 다정한 엄마, 상냥한 아내, 착한 며느리와 딸이라는 이름을 한 사람이 모두 가질 수는 없다. 할 수 없는 것은 할 수 없다, 못하면 못한다고 솔직하게 표현하는 것이 중요하다. 무리한 요구에 대해서는 정중하게 거절할 줄 알아야 한다.

모든 것을 수용해야 한다는 생각을 버려라. 다른 사람의 부탁을 거절할 때는 당연히 마음이 불편하다. 하지만 불편한 마음은 한순간이다. 자칫 무리한 부탁을 수용하다가는 나중에 더욱 불편한 관계가 될 수 있다. 서로 원만한 관계를 유지하기 위해서는 나부터 과감하게 거절할 줄 알아야 한다.

변화는 내 안에서부터 시작되어야 한다. 고정관념과 집착은 나를 틀에 가둬버린다. 버리는 결단이 있어야만 도전할 수 있는 용기가 생긴다.

여자가 행복해야 가족이 행복하다

행복의 기준은 저마다 다르고, 그에 따라 가치관과 추구하는 목표도 각기 다를 수밖에 없다. 다른 사람들이 행복해하는 일이 나에게는 아닐 수도 있다. 반대로 내가 행복해하는 일을 다른 사람들은 이해하지 못할 수도 있다. 각자 다른 관점과 생각으로 행복의 기준을 정하기 때문에 행복이란 무엇이다 하고 정의를 내리기는 힘들다. 한 가지 확실한 것은 나 자신이 행복해야 한다는 것이다. 행복의 주체가 내가 되어야 한다.

나는 첫아이를 낳고 출산휴가 3개월을 마치자마자 직장에 복귀했다. 임신 열 달 동안 나를 배려해 준 동료들에게 보답하고 싶었고, 미처 마치지 못한 공부도 해야 했기에 곧바로 복귀하기로 결정했다.

복귀하고 1년 동안 일과 공부 그리고 육아로 정신없이 하루하루를 보냈다. 물론 너무 힘들고 지친 적도 많았지만 나를 위해 희생하고 배려하는 가족들에게 약한 모습을 보여주고 싶지 않아 힘든 내색 없이 최선을 다했다. 하지만 이런 나에게도 고비가 찾아왔다.

느닷없이 찾아온 방황

어느 날 늦은 밤 침대에서 조용히 책을 읽고 있을 때 직장 동료에게 전화가 왔다. 자주 통화하는 사이가 아니었기에 조금 긴장하며 전화를 받았다. 그녀는 미안했던지 "통화가 어려우면 말해. 알았지?"라고 몇 번이나 반복했다.

"후배를 아끼는 마음에서 얘기한 것은 아는데 그분은 좋게 생각하지 않더라고. 내가 봐도 그분 생각이 잘못된 것 같은데 말이야. 하지만 자기가 후배이니 어쩌겠어. 억울한 생각이 들기도 하겠지만 그냥 이해하고 그분 앞에서는 아무 말도 하지 않는 게 좋겠어."

"네, 알겠어요. 고마워요. 조심할게요."

나는 10여 분쯤 통화를 하고 나서 낮에 있었던 일을 다시 떠올려보았다.

자리에 앉아 다음 강의를 준비하고 있는데 후배 하나가 억울한 표정으로 다가와 울먹이는 것이었다. 본인은 다른 선배의 말을 듣고 그대로 했을 뿐인데 또 다른 상사가 일처리를 왜 그렇게 했냐고 심하게 꾸중을 했다는 것이었다. 그 자리에서 선배가 시켰다고 하면 고자질하는 것 같아 그저 잘못했다고 말할 수밖에 없었다고 했다.

자기 의지대로 한 일이 아니었기에 억울하고 속상한 나머지 후배는 계속 울기만 했다. 나는 후배의 억울함을 조금이나마 풀어주고자 해당 상사에게 가서 설명했다. 그런데 내 이야기를 듣고 있는 상사의 얼굴이 그리 좋지 않다는 것을 느꼈고, 나 또한 개운하지 않게 마무리된 느낌이었다.

아니나 다를까 상사는 내가 설명한 내용은 중요하게 여기지 않았다. 그는 오지랖 넓은 나의 행동을 못마땅하게 보았다. 결론은 너나 잘하라는 것이었다.

나는 전화를 끊고 한동안 멍하니 앉아 있었다. 사실 크게 상처받을 일도 아니었고 쉽게 넘길 수 있는 일이었다. 하지만 나는 큰 충격이라도 받은 사람처럼 아무것도 할 수 없었다. 애써 마음을 추스른 다음 자고 일어나면 괜찮겠지 하며 잠자리에 들었다.

하지만 다음 날도, 그다음 날도 나는 아무것도 할 수가 없었고 아무것도 하고 싶지 않았다. 머릿속으로는 쉬고 싶다는 생각뿐이었다. 그렇게 3개월의 육아휴직을 선택하게 되었다.

그때는 내가 무엇 때문에 그렇게 방황하고 무력감에 휩싸였는지 이해할 수가 없었다. 지금에 와서 생각해 보니 그동안 힘겹게 참아왔던 인내의 한계에 부딪혔고, 그 한계의 끝이 늦은 밤 전화 한 통으로 폭발한 것이었다.

나는 매우 힘든 1년을 보냈다. 처음 시작하는 엄마라는 역할, 새로 시작하는 학업, 긴장된 직장 생활, 거기에 승진 과정까지 힘든 일정의 연속이었다. 그런데 나는 그럴 때마다 가족을 위한 것이고, 가족 때문에 해야 하고, 가족들을 지키는 일이라고 생각했다. 그렇다 보니 가족이라는 단어가 어느 순간 부담스러울 때도 있었다.

이런 나의 마음을 알았는지 육아휴직을 해야겠다고 했을 때 가족들은 나에게 이유도 묻지 않고 그렇게 하라고 했다. 그리고 남편이 이런 말을 건넸다.

"당신이 힘들어하는 모습을 보고 있기가 더 힘들다. 쉬면서 여유 있는 시간을 가져보는 것도 좋을 것 같아."

친정엄마는 이런 말을 했다.

"사람이 살기 위해 일하고 공부도 하는 거지. 그렇게 힘들어하는 모습을 내가 더 이상 볼 수가 없다. 잘 생각했다. 쉬어."

옹알이를 하는 딸아이는 나를 보며 웃고 있었다.

나는 가족들에게 미안했다. 힘든 내색을 하지 않았다고 생각했는데, 가족들 모두 나를 보면서 불안해하고 안타까워하고 있었다. 내가 육아휴직 이야기를 꺼냈을 때 '올 것이 왔구나' 생각했고, 오히려 잘됐다고 여긴 것이다. 가족들을 위해 달려온 1년이 가족들에게는 가장 불안한 1년이었다. 갑자기 눈물이 나면서 그동안 이 악물고 버텼던 내가 한순간에 눈 녹듯이 풀어지기 시작했다.

나에게 주는 휴식

육아휴직 동안 나는 딸아이와 눈을 맞추고, 남편과 소소한 대화를 나누고, 친정엄마와 티격태격하면서 평소와 다름없는 생활을 했다. 편안하고 행복했다. 그리고 감사했다.

그동안 가족의 행복을 위해 달려온 시간이 나를 더 불행하게 만들고 있었다는 사실을 미처 몰랐다.

3개월의 육아휴직은 나를 다시 찾는 시간이었다. 그리고 예전과 변함없는 워킹맘의 생활이 시작되었다. 밀린 학업도 계속했다. 환경은 변한 것이 전혀 없는데 다른 세상을 사는 것 같았다. 나 자신이 바뀌었기 때문이다. 내가 바뀌면 나를 둘러싼 환경도 달라진다. 나는 다시 웃으며 농담을 했다. 긍정적인 모습을 되찾은 것이다.

나는 가족들에게 특별한 것을 주려고 했다. 많은 것을 주고 싶었다. 그러나 가족들이 바라는 것은 행복하게 웃는 내 모습이었다. 뒤늦은 깨달음이었지만 지금이라도 함께 웃을 수 있어서 행복하다.

평생 내 편 만들기

"엄마, 나 이번에 오디션 최종 합격했어."

"진짜? 아이고 고생했다. 이제 한시름 놨다. 네 전화 올 때마다 어떻게 됐는지 물어보고 싶은 것을 꾹 참았는데. 좋은 소식 전하려고 그렇게 애태웠나 보다. 그동안 고생했어. 그런데 언제부터 일하는 거야?"

"글쎄, 아직 자세한 건 모르겠어. 다시 연락하지 않을까? 난 떨어진 줄 알고 포기하고 있었는데 말이야."

대학을 졸업하고 나서 처음 시작한 일이 방송 리포터였다. 그러나 무명의 리포터였던 나는 방송 섭외가 잘되지 않았다. 그래서 수많은 리포터 오디션을 봐야 했고, 합격과 불합격을 수도 없이 겪었다.

고정된 자리를 얻지 않는 한 계속 도전해야 했고, 한순간도 긴장을 늦출 수 없었다. 그런데 엄마도 덩달아 나처럼 마음을 졸이고 있었다.

열흘 전에 본 오디션 결과가 합격 통보일에서 3일이나 지나 연락이 온 것이다. 너무 간절히 원했던 합격이어서 기쁘다 못해 흥분되기까지 했다. 그동안 엄마와 나는 둘 다 서로의 눈치만 볼 뿐 오디션 결과에 대한 이야기를 꺼내지 못했다.

합격 전화를 받고 엄마와 나는 그동안 하지 못했던 이야기를 하며 꽤 오랫동안 대화를 나누었다. 그렇게 긴 대화를 나누고 통화를 마무리할 때쯤 엄마가 나에게 낮은 목소리로 한마디 했다.

"강아지야, 고마워."

늦둥이 막내인 나의 애칭을 부르며 고맙다고 하는 엄마의 말 한마디에 순간 코끝이 시큰해지면서 눈물이 왈칵 쏟아졌다. 울먹일 것 같아 서둘러 전화를 끊고 한참 동안 소리 내어 울었다. 오디션을 본 게 어제오늘 일도 아니건만 그날은 유독 엄마에게 미안하고 고마웠다.

뭘 모르는 엄마, 미래 없는 딸

돌아가신 아버지의 나이 마흔다섯 살, 엄마의 나이 서른일곱 살에 나를 낳으셨다. 늦둥이 막내인 나는 어릴 적부터 부모님에게 늘 아픈 손가락이었다. 그래서일까, 엄마는 부모가 없더라도 혼자 잘 살아가는 방법을 가르쳐주셨다.

내가 대학을 졸업하자마자 엄마는 암 진단을 받았다. 엄마는 나하고 더 많은 시간을 보내지 못한 것을 더욱 안타까워했다. 엄마와 나는 늘 서로를 안타까워하는 애틋한 모녀 사이였다. 서로 이해 못 할 것도 없고 싸울 일도 없을 것 같던 우리 모녀가 심각했던 시기도 있었다.

처음 리포터를 한다고 했을 때 엄마는 몹시 반대했다. 엄마는 내가 좀 더 안정된 직업을 갖기를 바랐다. 하지만 나는 끼를 맘껏 펼칠 수 있는 직업을 선택하고 싶었다. 우리는 서로를 답답하게 생각했다. 엄마가 보기에 나는 미래가 없는 한심한 딸이었고, 내가 보기에 엄마는 적성에도 없는 일을 강요하는 엄마였다. 서로를 이해하지 못한 엄마와 나의 관계는 점점 더 악화될 수밖에 없었다.

엄마도 나도 자신의 생각을 바꿀 마음이 전혀 없었다. 1년에

한두 번 서로를 마주해야 하는 명절이 지옥 같을 때도 있었다. 엄마는 친척들을 만날 때마다 답답한 심경을 토로하며 내 생각과 내 일을 폄하하는 말을 마구 쏟아냈다. 나 또한 제대로 알지도 못하고 자신의 고집만을 내세우는 엄마를 비난했다. 우리는 이성적인 대화를 할 수 없을 정도였다.

그렇게 해를 넘기다 보니 직업에 대한 의견 충돌이 서로에 대한 서운함으로 변해 갔다. 상대가 나에게 얼마나 상처를 주었는지를 두고 또 다른 갈등이 시작된 것이다. 나는 다른 어떤 사람보다 엄마에게 가장 인정받고 싶었다. 그래서 엄마의 말 한마디 한마디에 상처를 받았다. 그러던 어느 날 엄마의 말 한마디에 정신이 번쩍 들었다.

"지선아, 너 어렸을 때 참 많이 웃었는데 지금은 엄마 때문에 웃을 일 없지? 내 자식이 자꾸 힘든 길을 가려고 하니까 그걸 볼 수가 없어서 그래. 내가 너를 조금만 일찍 낳았어도, 아니 내가 아프지만 않았어도 네가 하고 싶은 대로 하라고 했을 거야. 하지만 그게 잘 안 되는구나. 엄마가 미안해."

그동안 나는 엄마의 말에 상처를 받았고, 엄마는 내 말에 가슴이 아팠다. 엄마도 자신의 마음을 어쩔 수 없어 더 속상했던 것 같았다.

엄마는 내 일이 싫은 것이 아니었다. 다만 딸이 불안정한 생활을 하는 것 같아서 불안했던 것이다. 옛날 사람들은 방송이라는 직업에 대해 '딴따라'라는 인식이 강했다. 그런데 나는 엄마를 이해시키기보다는 다그치고 잘 모른다는 식으로 몰아붙였다. 그럴 때마다 엄마는 나름대로 노력해 봤지만 도저히 포기할 수 없었고, 그런 자신이 딸을 더 힘들게 한다는 생각에 괴로워했던 것이다.

그동안 나는 이기적인 딸이었다. 엄마의 말을 듣고 보니 그제야 엄마의 마음이 이해되었다. 그래서 나는 하나씩 천천히 엄마를 이해시키고 안심시켜 드리기로 했다.

엄마에게 나를 보여주다

먼저 엄마가 직접 눈으로 볼 수 있도록 했다. 그동안 내가 출연하는 방송이 언제 나오는지, 공연장이나 행사장은 어디인지도 알려주지 않았다. 엄마에게 어떻게 비쳐질지 불안했기 때문이다. 하지만 이제는 엄마에게 내가 방송하는 모습을 보여주기로 했다. 엄마는 내가 방송에 나오는 모습을 직접 보고는 걱정하기보다 궁금한 것이 더 많은지 질문을 마구 쏟아냈다.

나는 엄마의 질문에 최대한 자세히 답변했다. 그리고 덧붙여서 이 일을 토대로 앞으로 내가 하고자 하는 공부와 일에 대한 비전을 설명했다.

"엄마, 앞으로는 안정되고 확실한 직업은 없어. 비전은 내가 만들어가는 거라고 생각해. 그래서 경험을 어느 정도 쌓으면 대학원에 진학해서 공부를 더 하고 싶어."

엄마는 묵묵히 듣기도 하고 가끔 웃어 보이기도 하고 중간 중간 질문도 했다. 나는 엄마와 처음으로 나의 꿈에 대해 이야기하고 있다는 것 자체가 너무 즐거웠다.

"엄마, 나는 무대에 섰을 때의 긴장감이 너무 좋아. 내가 고민해서 준비한 것을 보여주고 내 말에 호응해 주는 사람들을 보는 것이 너무 좋아. 도리에 벗어나는 일은 절대 안 할 거야. 엄마가 걱정하는 일은 하지 않겠다고 약속할게."

그날 엄마에게 방송 일을 허락한다는 이야기를 듣지는 못했다. 다만 그날 저녁 우리는 오랜만에 좋아하는 음식을 먹고, 어릴 적부터 내가 얼마나 고집이 셌는지를 이야기했다.

그 후로 엄마는 오디션을 보러 가는 나를 위해 기도했다. 나는 오디션이 끝나면 맨 먼저 엄마한테 전화해서 하소연을 늘어놓았다. 엄마는 늘 나의 지지자가 되어주었고, 절대 변심하지 않는 영원한 팬이 되어주었다.

세월이 흘러 지금 나는 교육 컨설팅과 강의를 하고 있다. 말하는 직업을 가지고 일하던 중 방송보다는 오프라인이 더 적성에 잘 맞는다는 것을 깨닫고 스피치 강사부터 차근차근 밟아나갔다. 그리고 교육대학원에 진학해서 교육 전문가의 길을 걷고 있다.

나를 지지해 주는 팬들도 늘어났다. 엄마에 이어 남편과 딸, 아들까지.

공부하는 엄마의 빈자리를 우리 아이들은 느끼지 않는다. 외할머니와 아빠가 있기 때문이다.

"우리 엄마는 지금 공부하고 있어요. 저 아빠랑 키즈카페에 가요."

아이들에게 엄마는 공부하는 사람이다. 자기계발이 필요한 사람이란 것을 가족 모두 당연하게 받아들이고 도와준다.

나는 무조건 내가 다 해야 한다는 생각을 버렸다. 그리고 힘들면 힘들다고 말하고, 서슴없이 도움을 요청한다. 나의 가족은 내가 무슨 일을 하든 나를 지지해 주었고, 웃으면서 나를 응원해 주었다. 그런 가족을 보면서 나는 둘째를 가질 용기를 얻었다. 엄마가 나를 낳았을 때보다 네 살이 더 많은 마흔한 살에 늦둥이 아들을 낳았다. 늦둥이 아들은 노트북을 붙잡고 씨름하는 엄마를 보채지도 않고 쳐다보고 있다.

가장 사랑하는 사람의 지지와 응원은 내가 지치지 않고 우뚝 설 수 있는 에너지를 준다. 오늘도 변함없이 나를 사랑하는 나의 팬들을 위해 열심히 하루를 보낼 것이다. 그런 나의 모습이 그들의 후원과 사랑에 보답하는 길이라고 생각한다.

평생의 업을 찾은 여자들

자신에게 닥친 불행을 슬기롭게 이겨낸 사람들이 있다. 나는 그중 2명에게 인생을 배우고 불행을 행운으로 극복해 가는 지혜를 얻었다. 나에게 인생의 지혜를 가르쳐준 롤모델은 바로 미국의 방송인 오프라 윈프리와 김미경 강사이다.

오프라 윈프리의 위대한 삶

"저는 미래가 어떻게 전개될지는 모르지만, 누가 그 미래를 결정하는지는 압니다.”

“여왕처럼 생각하세요. 여왕은 실패를 두려워하지 않는답니다. 실패는 위대함을 향한 또 하나의 디딤돌이니까요.”

오프라 윈프리의 말이다.

마음이 흔들리고 생각이 복잡해져서 앞으로 나아가지 못할 때 그녀의 한마디가 중심을 잡아준다.

자신이 처한 환경에 굴복하지 않고 당당히 맞서서 성공한 오프라 윈프리의 삶을 들여다보면 왜 많은 사람들이 그녀를 동경하고 그녀처럼 되고 싶어 하는지 알 수 있다.

오프라 윈프리는 노예의 후손인 아프리카계 흑인들이 사는 코시우스코라는 작은 마을에서 사생아로 태어났다. 그녀는 아홉 살에 사촌 오빠에게 성폭행을 당하고 다른 사촌의 남자 친구와 심지어 어머니의 남자 친구에게까지 성폭행을 당했다. 어머니는 고통 속에서 방황하는 그녀를 아버지에게 보냈다. 그런데 그때 그녀는 임신 중이었다. 그녀의 나이 열네 살에 아이를 낳았지만 2주 후에 죽었다. 그 후 그녀는 아버지의 보살핌 속에서 안정을 찾았고 방송인이 되겠다는 꿈도 가졌다. 그리고 흑인들이 다니던 테네시 주립대학에 입학하면서 방송 활동을 시작했다.

그러던 중 그녀는 시카고 방송에서 일할 수 있는 기회를 얻게 되었다. 하지만 감정에 치우치는 보도를 한다는 이유로 토크쇼 진행자로 밀려났다. 이 토크쇼는 그녀에게 인생의 전환점을 가져다주는 기회였다. 당시 최고의 토크쇼 진행자인 필 도나휴를 제치고 시카고에서 가장 인기 있는 토크쇼 진행자가 된 것이다.

그녀는 여자로서 감당하기 힘든 고난을 극복하고 당당히 방송 진행자로 성공했다. 하지만 이것뿐이라면 굳이 그녀를 존경하지는 않을 것이다.

내가 그녀를 존경하게 된 것은 성공 이후 그녀의 모습 때문이었다. 방송으로 성공한 그녀는 오프라 윈프리 재단을 설립해 자선사업을 활발하게 펼쳤다. 인권 문제에도 관여해 시위가 아니라 실력으로 당당하게 백인에게 맞섰다.

오프라 윈프리는 도움이 필요한 사람들에게 아낌없이 도움을 주었다. 그 후 그녀가 진행하는 〈A. M. 시카고〉 프로그램이 시청률 1위를 차지하면서 시사 주간지 〈타임〉에도 그녀의 성공에 대한 기사가 실렸다.

그녀는 어린이 성폭력 피해자나 아동학대 피해자들을 위해 국가아동보호법이 통과될 수 있도록 미국 상원 법사위원회 위원들 앞에서 증언을 했다. 그리고 빌 클린턴 전 대통령이 국가아동보호법에 서명하는 자리에도 참석했다. 그녀는 일에서도 성공했을 뿐 아니라 고통받는 약자들을 위해 자선사업에 앞장섰다.

오프라 윈프리는 자신에게 주어진 환경을 탓하고 절망하기보다 지혜와 인내로 슬기롭게 이겨냈다. 나는 그녀의 삶을 통해 내게 주어진 모든 것에 감사하는 마음이 생겼고, 아무리 어려운 일도 용기 있게 극복하는 정신을 배웠다.

위기를 극복한 김미경 강사

잘나가던 김미경 강사는 하루 아침에 논문 표절 주인공으로 텔레비전 뉴스에 등장하게 되었다. 내 직업이 강사이다 보니 그녀의 강의 스타일뿐 아니라 그녀가 어떤 노력을 통해 이 자리까지 오게 되었는지 누구보다 잘 알고 있었다.

승승장구하던 그녀에게 논문 표절은 그간의 경력과 명예를 뒤흔드는 위기였다. 그렇게 한동안 떠들썩하던 관심은 어느새 잠잠해지고 김미경이라는 이름 또한 점점 잊혀져 갔다.

그런데 최근 다시 그녀의 이름이 텔레비전에 등장하는가 하면 강의 포스터가 붙기 시작했다.

나는 그동안 그녀가 어떻게 생활했는지, 논문 표절이라는 위기를 어떻게 극복했는지 궁금했다.

그녀는 논문 표절 사건 이후 3개월 동안 미국으로 유학을 떠났다. 20년 동안 회사와 집을 떠나지 못하고 쉼 없이 달려온 그녀에게 운명과도 같은 휴식의 시간이 주어지게 된 것이다. 자의든 타의든 운명의 알람은 그녀에게 휴식을 부여했다.

보통 사람들에게는 견디기 힘든 불행의 시간을 그녀는 오히려 기회로 삼았다. 20년 동안 도전하지 못한 것을 시작한 것이다. 바로 외국에서 강의하는 것이었다. 누군가는 힘든 상황을 잊기 위한 도피성 유학이라고 하겠지만 그녀는 행운의 기회를 잡기 위한 선택이었다고 말한다.

3개월의 미국 생활은 그녀가 미처 알지 못했던 자신을 접할 수 있는 좋은 기회였다. 그동안 강한 줄만 알았던 자신이 매우 나약한 정신을 가지고 있다는 것을 알게 되었다. 그녀는 우울함과 절망, 포기 등 42가지의 감정을 매일매일 겪었다고 한다. 내가 그녀였다면 복잡한 감정에 휘둘려 중심을 잡지 못하고 방황하다 모든 것을 포기했을지도 모른다. 하지만 그녀는 자신이 나약한 존재라는 것을 인정하고 주어진 상황을 잘 이겨냈다.

그녀는 자신이 어떤 방향으로 가야 하는지 알고 있었다. 확고한 신념을 가진 그녀는 어떠한 위기가 닥치더라도 극복해 나갈 수 있었다. 그녀는 앞으로 자신이 어떤 활동을 펼칠지 기대감으로 충만했다.

솔직한 감정 표현과 다시 도전하는 뚝심이야말로 김미경의 진짜 모습이었다. 나는 이전의 모습보다 위기를 극복하고 당당히 대중 앞에 선 지금의 김미경을 더 존경한다.

누구에게나 위기가 찾아올 수 있다. 성공을 향해 가는 사람일수록, 성공 가도를 달리고 있는 사람일수록 위기는 더 큰 타격을 준다. 어느 날 느닷없이 닥친 위기를 당차게 이겨낸 사람 앞에는 더 넓은 세상이 펼쳐진다. 나는 김미경 강사를 통해 어려움에 처했을 때 그 상황을 받아들이고 자신의 단점을 솔직하게 인정하며 불행을 기회로 만드는 지혜를 배웠다.

그리고 가장 중요한 것은 어떠한 상황에서도 나다움을 버리지 않는 것이다.

리스타트 시트

할 수 있는 일과 할 수 없는 일 구분하기

다음 중에서 할 수 있는 것과 할 수 없는 것을 구분해 보자.

① 좋은 부모가 되고 싶다.

② 좋은 부모라는 말을 듣고 싶다.

① 좋은 사람이 되고 싶다.

② 좋은 사람이라는 말을 듣고 싶다.

좋은 부모가 되고 싶은 것과 좋은 부모라는 말을 듣고 싶은 것의 차이, 좋은 사람이 되고 싶은 것과 좋은 사람이라는 말을 듣고 싶은 것의 차이는 무엇일까?

차이는 간단하다. 내가 할 수 있는 것과 할 수 없는 것이다.

좋은 부모가 되기 위해서는 스스로 고민하고 실행해 나가면 된다. 하지만 좋은 부모라는 말을 듣는 것은 나의 노력이나 의지와는 무관하다. 왜냐하면 좋은 부모라는 말을 하는 주체가 내가 아닌 타인이기 때문이다.

나는 좋은 부모가 되기 위해 노력할 수는 있어도 상대가 나를 좋은 부모라고 말할 수 있도록 상대의 생각을 바꿀 수는 없다.

내가 할 수 있는 것과 할 수 없는 것을 정확하게 구분할 수 있다면 앞으로 내가 하고자 하는 일을 좀 더 구체적으로 실행할 수 있다.

지금부터 충분한 시간을 두고 어려운 점이 무엇인지, 그것을 아직도 해결하지 못한 이유를 적어본다. 자세한 이유를 적다 보면 내가 절대 할 수 없는 것인지, 할 수 있는 일인지 알게 된다.

다음 표의 내용을 작성해 보자. 내부 갈등과 외부 갈등을 최대한 많이 적는 것이 좋다. 작성하기 전에 다음의 가이드라인을 참조한다.

- 미혼 여성인 경우 내부 갈등은 개인적 상황을 중심으로 작성하고, 외부 갈등은 직장을 중심으로 작성하는 것이 좋다.
- 전업주부인 경우 내부 갈등은 시댁, 친정, 아이 등 가족을 중심으로 작성하고, 외부 갈등은 가족 외에 사회활동과 관련한 고민을 적는다.

- 워킹맘인 경우 내부 갈등은 가정을 중심으로 적고, 외부 갈등은 직장 생활을 중심으로 작성한다.
- 해결할 수 있는 갈등은 O, 해결할 수 없는 갈등은 X, 어느 정도 해결 가능한 것은 △로 표시한다.

| 내부 갈등 |

어려운 점	이유	할 수 있다 O/X/△

| 외부 갈등 |

어려운 점	이유	할 수 있다 O/X/△

위의 내용을 종합적으로 정리해 보자.

내가 할 수 있는 일	내가 할 수 없는 일

세상의 모든 일을 내가 할 수 있는 것과 절대 할 수 없는 것으로 구분할 수 있다. 다만 그것을 구체적으로 생각해 보지 않았을 뿐이다. 자세히 살펴보면 상대를 움직여야 하는 외부적인 것 외에는 우리가 얼마든지 할 수 있는 것들이다. 할 수 있는 범위와 크기만 다를 뿐이다.

할 수 없는 것에 대해 고민하기보다 할 수 있는 것에 집중하는 것이 현명하다. 할 수 있다면 방법이 있을 것이고, 그 방법을 찾는다면 계획을 실행하는 과정에서 나타나는 변수를 최대한 줄일 수 있다. 모든 정답은 내 안에 있다는 사실을 잊지 말자.

에필로그

멋진 여자는 무엇이 달라도 다르다

첫째를 낳을 때는 출산 일주일 전까지 강의를 했다. 그리고 둘째를 낳을 때는 출산 5일 전까지 일을 했고, 그사이 학위 논문까지 썼다. 임신한 몸으로 3~4시간 이상 강의를 하면서 저녁에는 논문을 쓰겠다고 책상 앞에 앉아 있는 나를 보고 가족들은 걱정한 반면, 주위 사람들은 '대단하다' 또는 '독하다'라는 말을 많이 했다.

하지만 나는 그들의 반응에 큰 거부감이 없었다. 누가 시켜서 억지로 하는 거라면 말 한마디 한마디에 스트레스를 받을 수 있겠지만, 내가 즐거워서 하는 일이니 오히려 배 속에 있는 아이에게 긍정적인 에너지를 줄 수 있다고 믿었다.

나는 워킹맘이다. 한 사람의 아내로서, 두 아이의 엄마로서 또 다른 삶이 시작되면서 철없던 막내딸이 한 가정을 꾸려가는 자리를 지키게 되었다. 서툴고 어렵지만 절대로 손을 놓을 수 없는 자리이기에 책임감을 가지고 묵묵히 최선을 다하고 있다.

나에게 엄마는 힘들고 어려울 때 부르기만 하면 척척 해결해 주는 존재였다. 엄마라는 존재 자체만으로 나에게 든든한 버팀목이 되어주었다. 나 또한 그런 엄마의 울타리를 내 아이들에게 만들어주고 싶다. 그리고 자신의 일을 멋지게 해나가는 엄마의 모습도 보여주고 싶다.

그것이 내 아이들에게 가장 좋은 가르침이 될 수 있다고 믿기 때문이다. '노력해라'는 말보다는 노력하는 엄마의 모습을 보여주고, '쉽게 포기하지 말라'는 말보다 어떤 일이든 포기하지 않고 당당하게 도전하는 모습을 보여주고 싶다.

누군가를 위한 무조건적인 희생보다 서로가 도와주고 같이 해결해 나가는 환경을 만들기 위해 이 책을 쓰게 되었다. 나와 비슷한 환경에서 육아와 집안, 더 나아가 자신의 업을 동시에 해나가야 하는 워킹맘들에게 변화할 수 있는 용기와 방법을 전해 주고 싶다. '어렵다', '힘들다', '할 수 없다'고 포기하는 것이 아니라 다시 도전하는 용기와 희망을 이 책을 통해서 얻기를 바란다.

마지막으로 나의 울타리인 내 가족에게 감사한다. 두 아이를 돌봐주는 친정엄마와 일하는 아내의 빈자리를 잘 메워주고 응원을 아끼지 않는 남편에게 진심으로 고맙다. 그리고 새로운 것에 도전하느라 많은 시간을 보내지 못하지만 늘 나를 지지해 주는 사랑하는 우리 딸과 아들, 고맙고 영원히 사랑한다.

불황의 시대, 일본 기업에 취업하라

정희선 지음 | 13,800원

도전하는 곳을 바꾸면 취업의 문이 열린다
고용절벽의 시대, 일자리가 넘치는 일본으로 떠나라

일본 기업은 한국 기업과 달리 스펙, 자격증이나 인턴 경험 없이도 취업할 수 있으며, 일어를 잘하지 않더라도 영어 실력만 있으면 취업이 가능하다. 이 책은 우리가 제대로 알지 못했던 일본 취업 정보를 완벽히 분석했다. 일본 직장생활의 장점과 취업 준비 노하우를 공유하여 생애 첫 일자리를 찾으려는 취업 준비생이나 이직을 꿈꾸는 사회초년생 및 경력사원, 글로벌 커리어를 꿈꾸는 모든 젊은이에게 일본 기업에 취업할 수 있는 성공 전략을 제시한다.

미친 실행력

박성진 지음 | 13,800원

지방대 출신, 공모전 기록 전무,
토익점수 0점의 저질 스펙 소유자!
미친 실행 하나로 국내 최고 유통 기업의 TOP이 되다!

"꿈과 열정을 가지세요! 생각하는 것만으로도 꿈을 이룰 수 있습니다." 자기계발서에 나오는 단골 멘트다. 저자는 이 말에 동의하지 않는다. 꿈과 열정을 가지고 생각하고 다짐만 한다면 절대 원하는 결과물을 얻을 수 없다. 아무리 뜨거운 열정과 큰 꿈을 가지고 있더라도 실행하지 않으면 아무짝에도 쓸모없는 것이 된다.

당신은 꿈꾸기 위해 태어났는가, 이루기 위해 태어났는가? 아무리 생생하게 꿈꿔도 소용없다. 그것을 실행시키는 사람만이 승자가 된다. 오늘 하지 못한 일은 평생 실행하지 못한다. 저자는 '언제 할까?' 고민하지 않고, '지금 당장' 움직이는 미친 실행력으로 인생을 180도 바꿨다. 인생을 바꾸고 싶다면, '지금 즉시, 될 때까지, 미친 듯이' 실행하라!